D1687649

Burgund

Kunstlandschaften

Thorsten Droste
Hans Joachim Budeit

Burgund

Hirmer

Inhalt

Vorwort 5

Thorsten Droste
Burgund und Europa 6
Geographisches Profil 6
Historische Strukturen 6
Die Kunstlandschaft 8
Burgund und Griechenland 9
Burgund und Italien 10
Burgund und Spanien 12
Burgund und Portugal 14
Burgund und die Provinzen Südfrankreichs 15
Burgund und die Provinzen Nordfrankreichs 15
Burgund und die Niederlande 17
Burgund und Deutschland 19
Burgund und Österreich 20
Burgund und die Schweiz 21

Hans Joachim Budeit
Die Bilder 23
Tournus, St-Philibert 25
Uchizy 35
Landschaft im Clunisois 36
Chapaize 37

St-Vincent-des-Prés 40
Ameugny 41
Brancion 42
Grevilly 43
Château de Cormatin 44
Berzé-la-Ville 52
Berzé-le-Châtel 57
Bourg-en-Bresse, Stiftskirche in Brou 58
Malay 68
Ougy 70
Paray-le-Monial 72
Perrecy-les-Forges 74
Gourdon 78
Château de la Clayette 82
Château de Drée 84
Château de Rambuteau 88
Bois-Ste-Marie 90
St-Bonnet-de-Cray 93
Anzy-le-Duc 94
Semur-en-Brionnais 98
Iguerande 103
Charlieu, St-Fortunat 106
Charlieu, Franziskaner-Kloster 112
Nevers, St-Etienne 116
Jailly 120
St-Saulge 121

St-Révérien 122
Autun, St-Lazare 126
Château de Sully 138
Beaune, Hôtel-Dieu 144
Château de la Rochepot 153
St-Thibault 154
Château de Bourbilly 158
Château de Commarin 160
Dijon, Museum im ehemaligen Herzogspalast 162
Avallon, St-Lazare 170
Vézelay, Ste-Madeleine 174
Landschaft im Bazois 189
Montréal 190
Fontenay 194
Château de Bussy-Rabutin 210
Château de Tanlay 212
Pontigny 220
Auxerre, St-Etienne 224
Auxerre, St-Germain 232

Thorsten Droste
Dokumentation 233

Register 253

Karte 255

Vorwort

Im buchstäblichen Sinn ist der Kir heutzutage in aller Munde. Sogar eine Fernsehserie trug schon den Namen des wohlschmeckenden Aperitifs, der aus einem Schuß Johannisbeerlikör und trockenem Weißwein, am besten einem burgundischen Aligoté, gemixt wird. Doch nur wenigen ist der Mann ein Begriff, der dieses Getränk kreiert hat. Es war Felix Kir (1875 bis 1968), der als eine der bedeutendsten Persönlichkeiten Burgunds im 20. Jahrhundert geradezu eine Symbolfigur burgundischen Wesens ist. Der Bischof von Dijon hatte den jungen Abbé auf den Posten des Gemeindepfarrers von Notre-Dame in Dijon berufen. Als 1941 die politisch Verantwortlichen der Hauptstadt Burgunds vor den deutschen Truppen geflohen waren, nahm der Geistliche die Verhandlungen mit den Besatzern in die Hand. Er soll ihnen dabei ein Schnippchen nach dem anderen geschlagen haben. Es heißt, Kir habe mindestens 500 französischen Gefangenen zur Flucht aus den Lagern verholfen. Seine aktive Teilnahme am Widerstand schließlich führte zu seiner Verhaftung und der Verurteilung zum Tode. Doch konnte Kir flüchten und seine Haut retten.

Nach dem Krieg lohnten die Bürger von Dijon dem unerschrockenen Politiker in der Soutane seinen Einsatz und wählten ihn zum Bürgermeister der Stadt. In dieser Funktion suchte Kir die Aussöhnung mit den deutschen Nachbarn. Die von ihm initiierte Partnerschaft zwischen Mainz und Dijon war eine der ersten Städteverbindungen nach dem Zweiten Weltkrieg. Aber Kir spannte den Bogen noch weiter; er strebte desgleichen eine Verbindung mit Stalingrad an. Als er Nikita Chruschtschow in Burgund empfing, erntete er bei den Franzosen Fassungslosigkeit und geriet unter den Druck der Regierung. Nach 23 Amtsjahren entsagte der rührige Abbé seiner Stellung als Bürgermeister und pflegte fortan einen genußvollen Lebensabend. Tauchte er in Paris im Hotel Ritz auf, um ausgiebig zu tafeln, traute sich keiner der Kellner jemals, ihm eine Rechnung zu präsentieren.

Die Spuren seines Wirkens sind in Dijon unübersehbar. Trotz einer stockkonservativen Grundhaltung war Felix Kir nicht nur weltoffen, sondern zugleich ungemein fortschrittlich. Er sorgte für die Gründung zahlreicher neuer Betriebe in den Vororten von Dijon und erreichte den Anschluß der Stadt an den europäischen Markt. Zum Wohlergehen seiner Mitbürger ließ er vor den Toren von Dijon einen künstlichen See mit einem Freizeitgelände anlegen.

Kirs Charaktereigenschaften, in denen sich Kreativität, Aufgeschlossenheit und Experimentierfreudigkeit mit einem Hang zu beharrlichem Festhalten an Althergebrachtem paarten, sind für viele Gestalten der burgundischen Geschichte bezeichnend. Diese Besonderheit im Wesen der Burgunder wurzelt gleichermaßen in der geographischen wie in der geschichtlichen Situation Burgunds in Europa.

Seit Johan Huizingas tiefschürfender Publikation »Herbst des Mittelalters – Studien über Lebens- und Geistesformen des 14. und 15. Jahrhunderts in Frankreich und in den Niederlanden« aus dem Jahr 1923 hat sich die Geschichtswissenschaft immer wieder dem Thema Burgund zugewandt und versucht, die Sonderstellung dieser Landschaft in Europa zu beleuchten. Die Bücher von Joseph Calmette (»Die großen Herzöge von Burgund«, 1963), Laetitia Boehm (»Geschichte Burgunds. Politik – Staatsbildungen – Kultur«, 1971) und Joachim Wollasch (»Cluny – Licht der Welt. Aufstieg und Niedergang der klösterlichen Gemeinschaft«, 1996) sind Grundlagenwerke der neueren Forschung und haben wesentlich dazu beigetragen, die Internationalität Burgunds verständlich zu machen.

Tatsächlich ist es ein historisches Faktum, daß Burgund praktisch mit allen Staaten Europas kulturell verflochten ist. In dem folgenden Überblick soll deshalb hier das Verhältnis Burgunds zu diesen unmittelbar benachbarten als auch entfernteren Regionen resümiert werden. Die Farbabbildungen des anschließenden Tafelteils belegen eindrucksvoll den Rang Burgunds als eine der führenden Kunstlandschaften Europas. Dabei liegt der Schwerpunkt in dem Zeitraum zwischen dem Beginn der Romanik nach der Jahrtausendwende und dem Ende des Mittelalters und der spätgotischen Epoche.

Burgund und Europa

Geographisches Profil

Fast jede Landschaft Frankreichs besitzt klar definierte Grenzen. Die Provence ist vom Mittelmeer, von der Rhône und den Alpen umgeben, Bretagne und Normandie schieben sich als Halbinseln in den Atlantik hinaus, die Auvergne ist weitgehend identisch mit dem Zentralmassiv. Burgund hat dagegen in keiner Himmelsrichtung markante Begrenzungen aufzuweisen. Nach Osten vollzieht sich in der Saône-Ebene ein kaum merklicher Übergang zur Franche-Comté, und die »Burgundische Pforte« stellt die Verbindung zum deutschsprachigen Kulturraum her. Nach Süden sorgen Saône und Rhône für eine offene Nachbarschaft mit der Provence, im Westen bildet die Loire weniger eine Trennungslinie als vielmehr eine Art Reißverschluß zwischen Burgund und den angrenzenden Landschaften Berry und Bourbonnais. Im Norden schließlich ist zwischen den Ebenen der Puisaye und des Senonnais keine Unterscheidung zum Becken der dort beginnenden Ile de France auszumachen. Im Innern Burgunds gibt es keine nennenswerten Höhenzüge. Die Hügel des Mâconnais oder des Morvan erreichen maximal 700 Meter über dem Meeresspiegel. Andererseits besitzen die Anhöhen im Wechsel mit den zahlreichen Flußniederungen ein ungemein klares Profil. Würde in der Vegetation stärker ein mediterranes Element mitsprechen, könnte man streckenweise meinen, man befände sich in der Toskana.

Die Strukturiertheit im Innern und die Offenheit in der Peripherie haben es mit sich gebracht, daß die Kulturlandschaft Burgund seit jeher die Ausbildung unverwechselbarer Eigenheiten begünstigt hat, während zugleich der Austausch mit den Nachbarn prägenden Einfluß ausübte. Burgund ist dabei ebenso Inspirationsquelle für andere gewesen, wie man hier umgekehrt für fremde Anregungen empfänglich war. In dem Zusammenhang ist darauf hinzuweisen, daß mitten durch Burgund die große europäische Wasserscheide verläuft: Ein Teil der Flüsse strebt zum Atlantik, ein anderer zum Mittelmeer.

Burgund liegt im Herzen Westeuropas. Diese zentrale Position im Spannungsfeld zwischen Süden und Norden, Osten und Westen schließlich hat dazu geführt, daß Burgund in zentralen Epochen der Geschichte eine Schlüsselstellung zufiel. In unserer Zeit, in der die Staaten Europas merklich zusammenwachsen, ist die Internationalität Burgunds ein besonders interessanter Aspekt.

Wir wollen im folgenden zunächst in Stichworten markante Daten der Geschichte in Erinnerung rufen und sodann kapitelweise das Verhältnis Burgunds zu seinen inner- und außerfranzösischen Nachbarn beleuchten, wobei mit der Abfolge der Kapitel eine gewisse Chronologie der Epochen von der Antike bis zur Neuzeit wegweisend sein soll.

Historische Strukturen

Der Name der Landschaft leitet sich von dem Germanenstamm der Burgunder ab. Bereits im 1. Jahrhundert n. Chr. waren sie von Südskandinavien – der Name der Insel Bornholm (= Burgundarholm) hält dort gleichfalls die Erinnerung an die Burgunder wach – nach Brandenburg und in die Lausitz aufgebrochen, von wo sie im 3. Jahrhundert an den Main weiterzogen. Anfang des 5. Jahrhunderts setzten sie über den Rhein und gründeten zwischen Worms und Mainz das »Erste Burgunderreich«. Bereits kurz darauf (435/36) zerschlug der römische Feldherr Aetius das junge Herrschaftsgebilde. Der Untergang des Burgunderreichs lieferte den Stoff für das Nibelungenlied. Die Überlebenden wurden 443 in der Sapaudia (Savoyen) angesiedelt. Obwohl nach Schätzung der Historiker nur etwa 25 000 Menschen von dieser Umsiedlung betroffen waren, gelang es ihnen in überraschend kurzer Zeit, als *foederati* Westroms das »Zweite Burgunderreich« zu konsolidieren. Im Jahr 507 nennt Theoderich der Große ihren neuen Herrschaftsbereich erstmals *Burgundia*. Im selben Jahr fochten die Burgunder an der Seite der Franken unter König Chlodwig bei Vouillé und verdrängten als Sieger des Völkerringens die Westgoten aus Gallien nach Spanien. Die Gefolgschaft wurde ihnen schlecht gelohnt, denn bereits im Jahr 534 mußten sie sich ihrerseits den expansionshungrigen Franken geschlagen geben. Burgund war fortan neben Austrasien und Neustrien konstituierender Bestandteil des fränkischen Reiches. Als dieses unter den Nachfolgern Karls des Großen wieder zerbrach, entstand um 880 das Herzogtum Burgund, das etwa dem Territorium der heutigen Region *La Bourgogne* entsprach.

Es scheint für die Geschichte Burgunds bezeichnend, daß die Landschaft den Namen eines Volkes trägt, das ursprünglich gar nicht hier, sondern in einer Nachbarregion Wurzeln geschlagen hatte. Auch in der Folgezeit war der Begriff Burgund vielfältigen Bedeutungen und Interpretationen ausgesetzt. Neben dem Herzogtum gingen aus dem einstigen Mittelreich Kaiser Lothars die Teilstaaten Nieder- und Hochburgund hervor. Niederburgund ist identisch mit der Provence, Hochburgund addierte sich aus Landschaften, die sich heute gleichermaßen auf die Schweiz und Frankreich verteilen: Franche-Comté und Dauphiné einerseits, das Gebiet um den Genfer See und der Schweizer Jura auf der anderen Seite. Diese Territorien kamen als Folge der Verbindung Kaiser Ottos I. mit Adelheid, Tochter König Rudolfs II. von Hochburgund, auf dem Erbwege im Jahr 1032 an das Heilige Römische Reich Deutscher Nation. Auch wenn dieser Hoheitsanspruch vor allem in der Provence weitgehend nominell blieb, pochten die deutschen Kaiser von Friedrich I. bis Karl V. wiederholt auf ihre Rechte. Das Herzogtum Burgund dagegen blieb unverbrüchlicher Bestandteil des westfränkischen, später französischen Herrschaftsgebietes.

Im Hochmittelalter gingen aus Burgund mit den Reformorden der Cluniazenser und Zisterzienser geistige Bewegungen hervor, deren Wirken sich in allen Staaten Europas niederschlug. Burgund hatte in dieser Zeit eine hohe kulturelle Blüte erreicht und profilierte sich als eine der führenden Kunstlandschaften Europas.

Das Jahr 1361 ist ein Schlüsseldatum burgundischer wie zugleich europäischer Geschichte. Damals starb mit Philipp von Rouvres der letzte jener Kapetinger-Dynastie, die seit dem 11. Jahrhundert als eine Seitenlinie des französischen Königshauses die burgundische Herzogswürde innegehabt hatte. Frankreich, das zu dieser Zeit bereits in den Hundertjährigen Krieg mit England verstrickt war und als Folge der ersten verheerenden Niederlagen beträchtliche Gebietsverluste zu verkraften hatte, wußte diesen Erbfall zu nutzen. König Johann der Gute aus der seit 1328 in Frankreich herrschenden Valois-Dynastie zog das erledigte Lehen ein und übertrug es seinem jüngsten Sohn Philipp mit dem Beinamen »der Kühne«. Damit begann für Burgund die Epoche der »Großen Herzöge«. Die vier Herrscher aus dem Hause Valois – Philipp der Kühne (1361-1404), Johann Ohnefurcht (1404-19), Philipp der Gute (1419-67), und Karl der Kühne (1467-77) – verfolgten eine ehrgeizige Expansionspolitik und führten Burgund politisch wie auch kulturell auf einen Rang, der das Herzogtum ebenbürtig neben die Königreiche des spätmittelalterlichen Europa stellte. Dabei spielten dynastische Verbindungen eine noch wichtigere Rolle als militärische Erfolge. Zur Zeit seiner größten Ausdehnung gebot das Herzogtum Burgund über einen heterogenen Herrschaftsbereich, in dem Luxemburg, Lothringen, das Elsaß, Brabant, Flandern und Holland sowie einige andere kleinere Grafschaften zusammenfielen. Karl der Kühne traf 1473 mit Kaiser Friedrich III. in Trier zusammen, der ihm die Anerkennung des Königstitels in Aussicht stellte, ein Ziel, das schon Johann Ohnefurcht ins Auge gefaßt hatte. Als Karl jedoch seine Forderungen immer höher schraubte und schließlich sogar unverhohlen den Griff nach der Kaiserkrone wagte, distanzierte sich der Habsburger von ihm. 1477 fiel Karl der Kühne bei der Belagerung von Nancy. Der Traum eines burgundischen Großreiches brach damit wie ein Kartenhaus in sich zusammen. König Ludwig XI. annektierte das französische Stammland des Herzogtums und band es wieder eng an die Krone. Die Tochter Karls des Kühnen, Maria von Burgund, aber folgte einem Herzenswunsch des verstorbenen Vaters und schloß die Ehe mit dem Sohn Friedrichs III., dem Erzherzog und späteren deutschen Kaiser Maximilian I. Als Folge dieser Verbindung kamen alle burgundischen Territorien, die nicht der französischen Krone lehnspflichtig waren, erbrechtlich an das Haus Habsburg, das damit seinen Weg zur europäischen Führungsmacht

Burgund und Europa

begründete. Die Kinder aus dieser Ehe, die bereits 1482 mit dem Tod Marias endete, Philipp »der Schöne« und Margarete (vgl. Abb. 12), wurden 1497 mit den Infanten Juan und Juana (Johanna die Wahnsinnige), Sohn und Tochter der Katholischen Könige Isabella von Kastilien und Ferdinand von Aragon, verheiratet. Johanna gebar im Jahr 1500 in Gent als ersten Sohn Karl. Nachdem Philipp der Schöne bereits 1506 in Burgos gestorben war, fiel dem jungen Karl 1516 beim Tod seines Großvaters Ferdinand von Aragon als Karl I. die Herrschaft über das nunmehr vereinte Spanien zu; drei Jahre später trat er als Karl V. das Erbe seines habsburgischen Großvaters Maximilian an und wurde schließlich 1530 als letzter deutscher Herrscher vom Papst zum Kaiser gekrönt. Karl V. hat zeitlebens seine Verbundenheit mit seinen burgundischen Ahnen betont und sogar den Wunsch geäußert (er sollte unerfüllt bleiben), an ihrer Seite in Dijon zur letzten Ruhe gebettet zu werden.

Die große Epoche Burgunds war Ende des 15. Jahrhunderts vorbei. Bei Licht betrachtet mußte das Ansinnen der Valois-Herzöge aussichtslos bleiben. In einer Zeit, in der der Gedanke der Nationalstaatlichkeit seinen Siegeszug in Europa begonnen hatte, erschien das Zusammenschmieden von heterogenen Ländern als ein Anachronismus. Heute dagegen ist das politische Zusammenwachsen von unterschiedlichen Nationen zu einer Frage von brennender Aktualität geworden. Die Verträge von Maastricht und das Schengener Abkommen erfüllen einen europäischen Traum, dessen historische Wurzeln in Burgund liegen.

Burgund führte wie praktisch alle historischen Landschaften Frankreichs vom 16. Jahrhundert an ein provinzielles Dasein. Daran haben weder die Revolution noch die Republiken des 19. und 20. Jahrhunderts grundlegend etwas geändert. Zu einer fundamentalen Neuorientierung ist es erst nach Ende der Präsidentschaft von Charles de Gaulle gekommen. Sein Nachfolger Georges Pompidou führte 1972 die bereits von seinem Vorgänger ins Auge gefaßte große Gebietsreform in Frankreich durch, das seither in 22 Regionen gegliedert ist. So ist auch der alte, geschichtsträchtige Name *La Bourgogne*, den die Revolution getilgt hatte, wieder mit neuem Leben erfüllt worden. In der Bourgogne sind jetzt die vier Départements *Yonne, Saône-et-Loire, Nièvre* und *Côte-d'Or* zusammengefaßt. Hauptstadt ist Dijon.

Die Kunstlandschaft

Die Kunst erweist sich als sichtbarer Ausdruck der wechselvollen Geschichte der burgundischen Landschaft. Ungewöhnlich ist die Tatsache, daß Burgund über einen Zeitraum von rund einem halben Jahrtausend, vom Beginn der Romanik um das Jahr 1000 bis zum späten 15. Jahrhundert, kontinuierlich Äußerungen hervorgebracht hat, die zu den Spitzenleistungen der europäischen Kunstgeschichte zählen. Eine vergleichbare Stabilität kennen wir sonst nur von Mittel- und Oberitalien, insbesondere der Toskana, sowie vom Rheinland. Die drei ausschlaggebenden Epochen des Hoch- und Spätmittelalters (Romanik, Gotik und Spätgotik) zeigen in Burgund nicht nur spezifische Ausprägungen der Stile, sondern sind, was den Anteil Burgunds anbetrifft, unterschiedlich zu bewerten.

Wenn auch bereits im 11./12. Jahrhundert der für Burgund so kennzeichnende Austausch mit anderen Regionen und Ländern stattfand, so ist doch festzuhalten, daß die Landschaft in dieser Zeit besonders markante Eigenleistungen hervorgebracht hat. Das gilt ebenso für die Architektur wie für die Skulptur der Romanik. Das Bild änderte sich mit dem späten 12. Jahrhundert. In der Zeit der Gotik sah sich Burgund mehr in der Rolle des Rezipienten. Die Führung hatten nun die Provinzen Nordfrankreichs übernommen.

Im Bereich der romanischen Architektur kam es zur Ausbildung zweier praktisch gleichberechtigter Bauschulen. Die eine, am hervorragendsten vertreten durch Ste-Madeleine in Vézelay (S. 183, 186), erkennt man am zweigeschossigen Aufriß der Hochschiffwand und der Einwölbung mit Kreuzgratgewölben; die andere, vom dritten Kirchenbau von Cluny ausgehend, kreierte den dreigeschossigen Aufriß mit der Abfolge von Arkade, Triforium und Obergaden. Ein weiterer Beitrag der Cluniazenser ist die im Scheitel zugespitzte Tonne.

Burgund und Europa

Anders als die von antikischer Bewegtheit erfüllten Skulpturen der Provence oder die erzählfreudige und auf körperliche Kompaktheit setzende Bauplastik der südwestfranzösischen Landschaften – den beiden neben Burgund wichtigsten Zentren der romanischen Kunst Frankreichs – sind die bildplastischen Werke, die in Cluny, Autun, Vézelay und anderen Orten zwischen Sâone und Loire entstanden, extrem schlank, nahezu entkörperlicht und von einer biegsamen Beweglichkeit.

Die Multinationalität des unter den Valois-Herzögen expandierenden Burgunderreiches brachte es mit sich, daß Künstler unterschiedlicher Herkunft den Weg an den Hof in Dijon fanden. Neben Nord- und Südfranzosen werden in dieser Zeit auch Spanier und insbesondere Maler und Bildhauer aus Flandern und den Niederlanden im

Abb. 1 Der Krater von Vix. Griechisch, 6. Jahrhundert v. Chr. Bronze, Höhe 1,64 m. Châtillon-sur Seine, Musée Archéologique

Herzogtum tätig. Dementsprechend zeigt Burgund in seinen Kunstäußerungen des 14. und 15. Jahrhunderts eine außerordentliche Verschiedenartigkeit. Man kann in dieser Zeit kaum von burgundischer Kunst sprechen, wir haben es vielmehr mit einer Kunst in Burgund zu tun.

Burgund und Griechenland

Die Überschrift dieses Kapitels mag befremdlich erscheinen, indes, wenn wir weit in der Geschichte zurückschauen, hat sie ihre Berechtigung. Bereits im 7. Jahrhundert v. Chr. hatten griechische Kolonisatoren den Küstenstreifen von der Provence bis nach Spanien besiedelt und dort Handelsniederlassungen gegründet. Die Städte Nizza, Cannes, Antibes, Marseille und Agde gehen auf diese Zeit zurück. Auf den Handelsstraßen, die dem Verlauf der Flüsse Rhône, Saône und Seine folgten, vollzog sich bereits im 6. Jahrhundert v. Chr. ein reger Verkehr. Der Name der Rhône leitet sich von den Bewohnern der Insel Rhodos ab. Die Ägineten waren die ersten Griechen, die Münzen aus Silber prägten, das von den Britischen Inseln über Burgund nach Süden transportiert wurde. Während die Kelten überwiegend Rohstoffe lieferten, bezogen sie im Austausch dagegen von den Griechen Luxusgüter.

1954 gelang Archäologen nahe dem Dorf Vix in Burgunds nordöstlicher Grenzregion zur Champagne, im Châtillonnais, einer der spektakulärsten Funde des 20. Jahrhunderts. Man hatte dort das Grab einer keltischen Prinzessin entdeckt, das ungewöhnlich reich mit Beigaben ausgestattet war. Sie sind heute im Museum von Châtillon-sur-Seine ausgestellt. Neben einem Dreifuß und anderen Bronzegegenständen ist die Hauptattraktion dieses keltischen Grabschatzes der zu Berühmtheit gelangte gewaltige Bronzekrater (Abb. 1). Wir kennen eine große Anzahl derartiger sogenannter Mischkrüge, doch sind sie in der Regel aus Ton gearbeitet. Der Krater von Vix erstaunt ebenso wegen seines Materials wie durch seine Größe. Das Gefäß ist 164 cm hoch und hat einen Durchmesser von 145 cm, sein Gewicht beträgt 208 kg. Es handelt sich damit um den größten uns bekannten Bronzekrater der Antike. Da die beiden Henkel mit Gorgonenhäuptern besetzt sind, klassischen Apotropäen des antiken Bildrepertoires, und den oberen Rand ein schmaler Relieffries mit Darstellungen von Kriegern umzieht, ist durch Stilvergleiche mit anderen Werken der griechischen Kunst eine Datierung des monumentalen Kraters in die Archaik, konkret in den zeitlichen Rahmen des 6. Jahrhunderts gesichert.

Der »Schatz von Vix«, wie er offiziell genannt wird, macht deutlich, daß die burgundische Region schon frühzeitig mit der antiken Kultur des Mittelmeerraumes in Berührung gekommen ist.

Ungeklärt bleibt die Frage, ob der Weinbau erst von den Römern in Burgund eingeführt wurde, oder ob er bereits in vorrömischer Zeit von den Griechen übernommen worden war. Die Tatsache, daß sich in der Kaiserzeit ein wohlhabender Bürger aus Autun bei Hofe beschwerte, die Weinstöcke der Region seien hoffnungslos überaltert, läßt keinen Zweifel daran, daß der Weinbau, für den Burgund heute in aller Welt berühmt ist, auf jeden Fall auf eine jahrtausendealte Tradition zurückschaut.

Burgund und Italien

Die Ereignisse, die Mitte des letzten vorchristlichen Jahrhunderts zur Niederwerfung Galliens führten, erlebten ihren Höhe- und zugleich Schlußpunkt in Burgund, das damit schon früh ins Zentrum der europäischen Geschichte rückte. Im Jahre 52 v. Chr. hatte Gaius Julius Cäsar mit 50 000 Legionären die gallische Streitmacht des Arvernerfürsten Vercingetorix in Alesia, dem Hauptort der Mandubier, eingekesselt, angesichts einer Übermacht von 80 000 Fußsoldaten und einer namentlich nicht bekannten Zahl von Berittenen auf seiten des Gegners ein riskantes Unterfangen des römischen Feldherrn. Zudem rückte von Westen her ein gallisches Entsatzheer an. Um zu verhindern, daß sich beide Truppenkontingente miteinander vereinigten, ließ Cäsar einen doppelten Ring aus Gräben und Palisaden um Alesia herum anlegen: einen inneren, um einen Ausfall des Vercingetorix zu verhindern, einen äußeren, um das Entsatzheer von Alesia fernzuhalten. Die Taktik des Eroberers ging auf. Zwar brachten die von der Belagerung zermürbten Kelten in dem letzten entscheidenden Waffengang Cäsar noch einmal in Bedrängnis, doch letztlich trugen die Römer den Sieg davon. So hatte sich auf dem Boden Burgunds das Schicksal ganz Galliens entschieden. Trotz der konsequenten Unterdrückung durch die Invasoren kam es noch einige Male zu Erhebungen der Gallier. Namentlich Autun als ein wichtiger Sitz des Druidentums blieb vorerst ein latentes Zentrum des Widerstands. Doch spätestens seit der Befriedungspolitik von Kaiser Augustus erfolgte eine tiefgreifende Romanisierung Burgunds wie auch der anderen Landschaften Galliens.

Zwar kann der erhaltene Denkmälerbestand aus römischer Zeit in Burgund mit dem reichen Erbe, das uns in der benachbarten Provence vor Augen steht, nicht konkurrieren, doch sind genügend Reste erhalten, die darüber Aufschluß geben, daß Burgund in gallo-römischer Zeit großes Gewicht besaß. Das heute vollständig zerstörte Amphitheater von Autun war nach dem Kolosseum in Rom das zweitgrößte seiner Art im römischen Imperium. Von dem Theater des antiken Augustodunum, so der blumige Name von Autun zur Römerzeit (er bedeutet »Geschenk des Augustus«), sind immerhin noch Reste der Cavea, der Sitzränge, erhalten. Demnach bot das Bauwerk Platz für rund 15 000 Zuschauer. Am selben Ort stehen mit der Ruine des sogenannten Janustempels, der wohl eher ein Stadtgründungsmonument gewesen sein dürfte, sowie mit den beiden Stadttoren, der Porte d'Arroux und der Porte Saint-André, weitere stattliche Zeugen der römischen Antike (Abb. 2). Im Mittelalter sollten sie noch einmal Bedeutung erlangen, denn ebenso wie die Romanik der Provence hat auch die Kunst Burgunds im 11. und ganz besonders im 12. Jahrhundert Anregungen von diesem Denkmälerbestand übernommen. Das Motiv etwa des kannelierten Pilasters, an den beiden genannten

Abb. 2 Die Porte St-André, eines der beiden erhaltenen römischen Stadttore von Autun

Abb. 3 Dijon, St-Bénigne, Kryptengeschoß der Rotunde. Die Gewölbe wurden im 19. Jahrhundert rekonstruiert

Burgund und Europa

Abb. 4 Dijon, Notre-Dame, Westfassade

Stadttoren ausgebildet, findet sich nicht nur in der romanischen Kathedrale von Autun (S. 131, 132), sondern im gesamten Bereich der von der Bauschule von Cluny III abhängigen Architektur.

Die politische Bindung Burgunds an die Apenninhalbinsel gehörte seit dem Zusammenbruch des weströmischen Reiches der Vergangenheit an. Der geistige und kulturelle Austausch dagegen versiegte nie und sollte besonders im Mittelalter fruchtbar zum Tragen kommen. Zu den großen Gestalten burgundischer Geschichte im anhebenden 11. Jahrhundert gehört der aus Oberitalien stammende Wilhelm von Volpiano, der seit 1001 Abt des Klosters St-Bénigne in Dijon war. Von Cluny inspiriert, führte er in der Traditionsabtei die Klosterreform durch; zugleich ließ er mit dem Neubau der Benignuskirche ein Denkmal errichten, das die Zeitgenossen in Erstaunen versetzte. Der gewaltige Baukörper bestand aus drei Abschnitten: Im Westen erhob sich die fünfschiffige Basilika; an sie schloß sich eine dreigeschossige Rotunde an, den Abschluß nach Osten bildete der Mönchschor. Die Basilika wurde schon im Mittelalter zunächst durch einen romanischen, dann durch einen gotischen Nachfolger ersetzt; später führte der Vandalismus der Revolutionszeit zum vollständigen Abbruch der Ostteile. Mitte des 19. Jahrhunderts wurde das mit dem Abbruchmaterial aufgefüllte Untergeschoß der Rotunde freigelegt und neu eingewölbt. So können wir immerhin noch in dieser mächtigen Ringkrypta einen Eindruck vom Rang des epochalen Bauwerks gewinnen (Abb. 3). Der rührige Wilhelm von Volpiano war während seiner Amtszeit wiederholt zwischen seiner oberitalienischen Heimat und seiner burgundischen Wirkungsstätte unterwegs. Es gilt als sicher, daß er bei einer dieser Gelegenheiten Baumeister aus der Lombardei mit nach Dijon gebracht hat, wo ihnen an St-Bénigne ein wesentlicher Anteil zuzuschreiben ist.

An der gleichfalls frühromanischen Abteikirche St-Philibert in Tournus ist die Handschrift lombardischer Baukünstler besonders deutlich auszumachen. Sowohl die Verwendung eines kleinteiligen Bruchsteins als auch die Gliederungselemente in Form von flach der Wand aufgelegten Lisenen und kleinen Blendarkadenfriesen sind signifikante Merkmale der oberitalienischen Baukunst (S. 27).

Zwar sollten die entscheidenden Impulse im Zeitalter der Gotik von Nordfrankreich ausgehen, aber das Beispiel der Fassade von Notre-Dame in Dijon weist auf italienischen Einfluß hin (Abb. 4). Die Staffelung mehrerer räumlich in Erscheinung tretender Arkadengeschosse findet in Domkirchen der Toskana eine Entsprechung. Lucca und Pisa sind in diesem Zusammenhang zu nennen.

Der Kontakt Burgunds mit der Kunst Italiens brach auch in den nachfolgenden Jahrhunderten nicht ab. Nachdem im 14. Jahrhundert die Päpste unter dem Druck französischer Großmachtpolitik in Avignon Residenz bezogen hatten, wo Mitte des 14. Jahrhunderts Benedikt XII. und Clemens VI. den wuchtigen Papstpalast errichten und ausschmücken ließen, kamen unter anderen als besonders prominente Künstlerpersönlichkeiten die Maler Matteo Giovanetti aus Viterbo und Simone Martini aus Siena in die Provence. Im Jahr 1373 richtete Herzog Philipp der Kühne an seinem Hof in Dijon eine Malerwerkstatt ein, deren Leitung nacheinander in den Händen von Jean de Beaumetz, Jean Malouel und Henri Bellechose lag. Die Tafelmalerei steckte damals in Frankreich noch in ihren Kinderschuhen. Da die Maler als Handwerker galten, wurden ihnen so vielfältige Aufgaben wie die Bemalung von Wimpeln und Fahnen, Prunkrüstungen oder Möbelstücken übertragen. Auf dem Gebiet der Tafelmalerei orientierte man sich an Vorbildern italienischer Provenienz.

Burgund und Europa

Die wenigen erhaltenen Werke des Jean de Beaumetz lassen Züge erkennen, die sich mit der gotischen Malerei Sienas und insbesondere Simone Martinis berühren, der 1344 in Avignon verstorben war. In den extrem schlanken Figuren und vor allen Dingen in der mandelförmigen Gestaltung der Augen wird dies besonders deutlich.

Im 16. Jahrhundert hat der aus Bologna stammende Architekt und Architekturtheoretiker Sebastiano Serlio mit der Errichtung des Schlosses Ancy-le-Franc ein zentrales Hauptwerk der Renaissance in Burgund geschaffen, das seinerseits Vorbildcharakter besaß und von zahlreichen Baumeistern dieser Epoche studiert wurde (Abb. 5). Bezeichnend ist auch an diesem Beispiel, daß der Auftraggeber den Plan des berühmten Italieners in einem burgundischen Sinne abänderte: Anstelle der von Serlio vorgesehenen Rustizierung des Sockelgeschosses nach Art toskanischer Palazzi wurde die Wand glatt gehalten und mit zierlichen Pilastern dekoriert. Außerdem hatte Serlio ein flaches Satteldach geplant, anstatt dessen dann aber ein für die Landschaft charakteristisches Spitzdach errichtet wurde.

Burgund stand im Verhältnis zu Italien nicht ausschließlich auf der Seite des Empfangenden, sondern hat seinerseits befruchtend auf die Apeninnhalbinsel eingewirkt. Hier sind vor allem die Zisterzienser zu nennen, die dank der rasant schnellen Ausbreitung ihres Ordens im 12. Jahrhundert schon frühzeitig zu Botschaftern der Gotik außerhalb der Grenzen Frankreichs wurden. Dies betrifft natürlich nicht nur Italien, sondern gilt auch für die angelsächsischen Länder ebenso wie für die Iberische Halbinsel und den deutschen Sprachraum.

Burgund und Spanien

Als Folge der arabischen Invasion im 8. Jahrhundert war die Iberische Halbinsel über Jahrhunderte ins Abseits gegenüber den christlichen Staaten Europas geraten. Karl der Große unternahm 776 einen ersten Vorstoß, Spanien zurückzuerobern, der jedoch nur einen bescheidenen Erfolg, nämlich die Gründung der Markgrafschaft Barcelona, mit sich brachte. Immerhin war ein Zeichen gesetzt, in dessen Nachfolge die Reconquista anhob, die Befreiung des maurischen Spanien durch die christliche Ritterschaft. Ihren spektakulärsten Erfolg verzeichnete diese im Jahr 1212 mit dem Sieg bei Navas de Tolosa. Danach schleppte sich der Befreiungskampf noch bis ins 15. Jahrhundert fort, um schließlich definitiv mit der Eroberung Granadas als dem letzten Bollwerk maurischer Herrschaft im Jahr 1492 zu enden.

Wir sehen das christliche Mittelalter in einen tiefen Widerspruch verstrickt. Auf der einen Seite verteufelte man die muslimischen Invasoren und rechnete sich jeden Meter Boden, den man ihnen abrang, als Erfolg an; auf der anderen Seite bestand auf der kulturellen Ebene ein lebendiger Austausch. Ohne die fruchtbare Begegnung mit der hochentwickelten arabischen Kultur böte das mittelalterliche Europa ein deutlich ärmeres Bild. Der Hufeisenbogen, aus der spätrömischen Provinzialkunst Syriens und Spaniens hervorgegangen und von den Westgoten in ihren Kirchenbauten wiederholt zitiert, wurde von den Arabern als Motiv aufgegriffen und hat die Architektur des Islam derart tief durchdrungen, daß er als das signifikante Erkennungsmerkmal der islamischen Kunst schlechthin gilt. Über sogenannte mozarabische, also christliche Bauten des 10. Jahrhunderts in den von den Arabern befreiten nördlichen Regionen Spaniens

Abb. 5 Das Schloß Ancy-le-Franc, ein Werk des Architekten Sebastiano Serlio, 1546

wurde der Hufeisenbogen in den Pyrenäenraum reflektiert und gelangte von dort nach Frankreich und bis nach Burgund. Der Eingangsbogen der romanischen Kirche St-Vorles in Châtillon-sur-Seine ist das nördlichste Beispiel eines Hufeisenbogens in Europa. Auch andernorts und mit anderen Motiven macht sich der arabische Einfluß in der mittelalterlichen Kunst Burgunds bemerkbar: Die Gurtbögen in der Wallfahrtskirche Ste-Madeleine in Vézelay zeigen einen optisch reizvollen Farbenwechsel der Keilsteine (S. 183, 186). In diesem Fall könnte die Auvergne der Vermittler gewesen sein, denn dort sieht man das Motiv häufiger, und wir wissen, daß die Bischöfe von Le Puy gute Kontakte zu Spanien pflegten. Das Portal der Kirche von Montréal (S. 190) zeigt seltsame Auszackungen, wie sie gleichfalls aus der Kunst des Islam herzuleiten sind.

Besonders beeindruckt war man von den technischen Fertigkeiten der Araber. Mitte des 11. Jahrhunderts schickte Abt Odilo von Cluny eine Abordnung von Mönchen nach Cordoba, wo sie sich über Fragen der Rohrverlegung informieren sollten. Nachdem sie sich vor Ort sachkundig gemacht hatten und in die burgundische Heimat zurückgekehrt waren, wurde in Cluny das erste Kloster Europas errichtet, dessen Kreuzgang und Räumlichkeiten mit fließendem Wasser versorgt wurden, eine Tatsache, die in einem Kommentar eines Begleiters des Kardinals Petrus Damian, der Cluny 1063 besucht hatte, als besonders staunenswert hervorgehoben wird.

Andererseits zogen Künstler aus Burgund in die christlichen Königreiche Nordspaniens, die sich dort seit dem 11. Jahrhundert konstituiert hatten – Katalonien, Aragon, Navarra und León-Kastilien –, und machten burgundisches Formengut auf der Iberischen Halbinsel heimisch. Die Cluniazenser bereicherten die Baukunst mit der technischen Neuerung der Gewölbezuspitzung, während sich die Zisterzienser auch hier als Triebfeder bei der Ausbreitung der Gotik erwiesen. Daß der Austausch in beiden Richtungen gerade im 12. Jahrhundert besonders fluktuierte, hängt ursächlich mit der Jakobuswallfahrt zusammen, die damals ihren Höhepunkt erreichte. Unter den vielen Pilgern, die nach Santiago de Compostela zogen, waren auch Baumeister, Maler und Bildhauer.

Auch in den nachfolgenden Jahrhunderten tauschten Spanien und Burgund vor allem bedeutende Bildhauerpersönlichkeiten aus. In Dijon war der Spanier Juan de la Huerta als Nachfolger von Claus Sluter und dessen Neffen Claus de Werve zwischen 1445 und 1455 Leiter der herzoglichen Bildhauerwerkstatt. Vermutlich wegen Streitigkeiten mit Persönlichkeiten am Herzogshof verließ der als cholerisch geltende Künstler Dijon mit unbekanntem Ziel. Die monumentale Grablegungsgruppe in Notre-Dame in Semur-en-Auxois und das Grabdenkmal des Philipp Pot (Abb. 6; eine Kopie des Originals im Louvre in der Burg von Châteauneuf-en-Auxois) gelten als Werke von seiner Hand. Darstellungen der Grablegung mit lebensgroßen Skulpturen waren Mitte des 15. Jahrhunderts in Burgund, aber auch in anderen Landschaften Frankreichs aufgekommen. In Burgund erfreuten sie sich besonderer Beliebtheit und sind in vielen Beispielen unterschiedlicher Qualität erhalten. Der burgundische Bildhauer Jean de Joigny zog im 16. Jahrhundert nach Spanien, wo sich sein Name zu Juan de Juni wandelte. Er machte dem spanischen Publikum das burgundische Thema der Grablegung schmackhaft. Als seine Hauptwerke auf der Iberischen Halbinsel gelten zwei expressive Grablegungsgruppen in Valladolid (von 1544, heute im dortigen Museum) und in der Kathedrale von Segovia (datiert 1577), die ihn als einen der bedeutendsten Renaissancekünstler Spaniens ausweisen.

Abb. 6 Grabmal des Philipp Pot, Seneschall von Burgund, mit lebensgroßen Trauerfiguren, um 1480. Paris, Musée du Louvre

Burgund und Europa

Der Austausch zwischen Spanien und Burgund im 16. Jahrhundert ist das plausible Ergebnis der dynastischen Verbindungen, die damals zwischen der spanischen Krone und dem Haus Habsburg als dem Erben der Großen Herzöge von Burgund zustande gekommen waren (s. a. S. 8).

Burgund und Portugal

Die Geschichte Portugals ist durch seine erste Königsdynastie in besonderem Maße mit Burgund verknüpft. 1095 belehnte Alfons VI. von León und Kastilien seinen Schwiegersohn, den Grafen Heinrich von Burgund, mit dem heutigen Nordportugal. Dessen Sohn Afonso Henriques (1094-1185), genannt »der Eroberer«, betrieb mit der Befreiung des Landes von den Mauren zugleich die Unabhängigkeit von der kastilischen Lehnshoheit und gilt als Begründer der portugiesischen Nationalität. 1139 von seinen Mitstreitern zum König proklamiert, wurde er als solcher 1143 im Vertrag von Zamora auch von der Krone Kastiliens anerkannt und später vom Papst sanktioniert. Der Zweite Kreuzzug, zu dem der hl. Bernhard 1146 in Vézelay aufgerufen hatte, sollte in der Hauptsache ein Fiasko werden. Für Portugal allerdings war die Landung britischer, deutscher und flandrischer Kreuzritter 1147 ein Glücksfall, denn mit ihrer Hilfe konnte Afonso Henriques den Mauren Lissabon entreißen. Bis 1250 hatten seine Nachfolger die Rekonquista in ganz Portugal abgeschlossen. Das Land verdankt dem Haus Burgund das historische Faktum, daß Portugal als erste Nation Europas bereits im 13. Jahrhundert seine Grenzen definierte, die es bis auf den heutigen Tag bewahrt hat.

Im Gefolge Heinrichs von Burgund kamen bereits Ende des 11. Jahrhunderts burgundische Künstler nach Portugal, dessen nördliche Landesteile eine Vielzahl romanischer Kirchen bewahrt haben. König Afonso Henriques rief mit fortschreitender Reconquista die Zisterzienser ins Land, die 1144 als erste Niederlassung südlich des Duoro von Clairvaux aus die Abtei São João de Tarouca gründeten. In seinem Todesjahr 1153 entsandte der hl. Bernhard nochmals Mönche nach Portugal, wo sie mit der als königliche Stiftung ins Leben gerufenen Abtei von Alcobaça zugleich die Aufgabe übernahmen, das brachliegende und entvölkerte Land zu rekultivieren. Alcobaça entwickelte sich rasch zum geistlichen Zentrum des neuen Königreiches, von dem weitere Klostergründungen ausgingen; seine Äbte waren die engsten Berater der Krone. Die ab 1178 nach dem Vorbild von Clairvaux errichtete majestätische Kirche mit Umgang und Radialkapellen ist ein Höhepunkt früher zisterziensischer Baukunst und damit burgundische Architektur in Reinkultur. Die historische Bedeutung der Anlage wird durch die Grablege der Burgunder-Dynastie unterstrichen, darunter die einzigartigen gotischen Tumben, die König Pedro I. (1357-67) für sich und seine ermordete Gemahlin Ines de Castro errichten ließ und die heute im Querschiff einander gegenüberstehen.

Die Beziehungen zwischen den beiden Regionen waren auch zur Zeit der Großen Herzöge intensiv und vielfältig, nachdem die Dynastie der Burgunder in Portugal 1385 durch die Seitenlinie der Avis abgelöst worden war und das Land damit seine nationale Eigenständigkeit gegenüber Kastilien erfolgreich verteidigt hatte. Unter der burgundischen Delegation, die Herzog Philipp der Gute 1429 zur Brautwerbung um Isabella von Portugal entsandte, befand sich auch der Hofmaler Jan van Eyck, der die Infantin im Schloß von Aviz porträtierte. Der Kontakt der Portugiesen mit der innovativen niederländischen Malerei war also ein unmittelbarer. Das berühmte Hauptwerk der portugiesischen Malerei aus dem Kloster São Vicente in Lissabon (heute Museo d'Arte Antiga), ein rätselvolles repräsentatives Porträt der portugiesischen Gesellschaft um die Mitte des 15. Jahrhunderts, ist nicht nur undenkbar ohne das Vorbild der Niederländer, sondern weist auch im Stil der zeitgenössischen Gewandung burgundische Elemente auf, darunter den markanten schwarzen Schärpenhut; einen ebensolchen schenkte Herzog Philipp der Gute, wie eine Chronik verzeichnet, seinem königlichen Schwager Duarte.

Burgund und die Provinzen Südfrankreichs

Als geographische Nachbarn stehen die Provence und Burgund seit jeher in engem Kontakt. Die Provence ist wiederholt in der Geschichte ein Zulieferer für Anregungen gewesen. Besonders in der Epoche des Exils der Päpste gingen für die Maler Burgunds wichtige Impulse von Avignon aus (s. a. S. 11). In der Baukunst des 12. Jahrhunderts wurde wiederum besonders in der Provence das cluniazensische Muster der Gewölbezuspitzung in zahllosen Bauten kopiert.

Trotz einer größeren räumlichen Distanz zum südwestfranzösischen Aquitanien knüpfte Burgund auch in dieser Richtung Kontakte. 1048 gelang es Abt Odilo von Cluny, die bedeutende Abtei Moissac am Unterlauf des Tarn der cluniazensischen Klosterfamilie anzuschließen. Der diplomatische Abt bewies dabei Fingerspitzengefühl, denn Moissac behielt den Status einer freien Abtei mit weitreichenden Selbstbestimmungsrechten. So fand die cluniazensische Reform Eingang im südwestfranzösischen Raum; zugleich aber konnte sich Moissac zu einem eigenen Zentrum der monastischen Erneuerung aufschwingen.

Abb. 7 Montceaux-l'Étoile, romanische Kirche Sts-Pierre-et-Paul, Tympanon des Westportals: Himmelfahrt Christi

Die Landschaften Aquitaniens hatten damals mit der überkuppelten Saalkirche einen selbständigen Bautypus hervorgebracht, und es herrschte wenig Bereitschaft, sich den Leistungen Burgunds auf dem Gebiet der Architektur zu öffnen. Im Bereich der Skulptur dagegen fand eine gegenseitige Befruchtung statt. Zeitlich parallel vollzog sich Ende des 11. Jahrhunderts in Toulouse und in Burgund die Entwicklung des Stufenportals mit eingestellten Säulen und einem Tympanon über dem Eingang. Mit der Porte Miégeville von St-Sernin in Toulouse war das Thema der Himmelfahrt Christi gegen 1118 erstmals tympanonwürdig geworden; wenig später taucht es am Portal der kleinen Kirche von Montceaux-l'Etoile im südlichen Charollais auf (Abb. 7). Die spindeldürren Gliedmaßen der Skulpturen im Tympanon der Klosterkirche von Beaulieu im südlichen Limousin lassen darauf schließen, daß hier an einem Hauptwerk der südwestfranzösischen Romanik burgundische Hände mitgewirkt haben.

Burgund und die Provinzen Nordfrankreichs

Als außerordentlich lebhaft erweist sich das Verhältnis zwischen Burgund und der Normandie. Erneut ist Wilhelm von Volpiano zu nennen, der nach seiner erfolgreichen Arbeit in Dijon in die Normandie weiterzog, wo er die Abtei von Fécamp zum Zentrum der normannischen Klosterreform machte. Anfang des 12. Jahrhunderts kreierte der Baumeister der Abteikirche St-Philibert in Tournus das Motiv der Zweiturmfassade (S. 27). In diesem ersten Beispiel einer Fassadengestalt, die auf der ganzen Welt Schule machen sollte, sind die Türme noch klein und gedrückt ausgefallen. Wenige Jahre später griff man in der Architektur der Normandie das Motiv auf und steigerte es zu bislang ungekannter Monumentalität. Von der Normandie wurde die Zweiturmfassade dann nach Burgund zurückvermittelt, wo sie Ende des 11. Jahrhunderts unverbrüchlicher Bestandteil der Cluniazenser-Baukunst wurde.

Der Normandie verdankt Burgund zudem eine technische Neuerung, die seit der Mitte des 11. Jahrhunderts neue Maßstäbe setzte. Die Normannen hatten als erste damit begonnen, Kirchen aus glatt bearbeiteten Quadern zu errichten. Diese neue, westromanisch genannte Gesteinsform verdrängte alsbald die lombardisch-ostromanische Mauertechnik aus Bruchstein. Das Zuschneiden beziehungsweise Beschlagen des Baumaterials war zwar gegenüber der älteren Technik kostenaufwendiger, bot aber dafür attraktive künstlerische Gestaltungsmöglichkeiten. Fortan ließen sich Wandaufbrechungen, Gliederungsformen und Architekturdekorationen vornehmen, die mit Bruchstein unmöglich waren.

Bezeichnend ist der geographische Weg, den die Quadermauertechnik von der Normandie ausgehend und nach

Burgund und Europa

Osten fortschreitend genommen hat. Anfang des 11. Jahrhunderts ließ der Abt Gauzlinus seiner Klosterkirche in St-Benoît-sur-Loire 40 km südöstlich von Orléans einen Turm voranstellen, an den der Bauherr hochfliegende Erwartungen knüpfte. Ehrgeizig verkündete Gauzlinus, dieser Turm solle anderen Beispielen Galliens als Vorbild leuchten. Tatsächlich fand die Form des quadratischen zweigeschossigen *Clocher-Porche*, wie dieser Bautyp genannt wird, in vielen Provinzen Frankreichs Nachfolge. Besonders stolz war der Abt auch auf die Tatsache, daß sein Turm der erste Quaderbau außerhalb der Normandie war. In der sandigen Loire-Ebene allerdings bereitete die Beschaffung des Baumaterials Schwierigkeiten. Gauzlinus ließ die Steine, die in der Gegend von Nevers gebrochen wurden, über eine Entfernung von rund 150 km auf Lastkähnen herbeischaffen. So machten die Baumeister des Nivernais Bekanntschaft mit dem Quader, und es überrascht nicht, daß kurz darauf (1063-96) mit der Kirche St-Etienne in Nevers der erste Quaderbau am Westrand Burgunds entstand (S. 116-119).

St-Etienne ist auch in anderer Hinsicht ein griffiges Beispiel für die Vermittlerrolle Burgunds: Die Kirche besitzt einen dreigeschossigen Aufriß. Zwischen die Arkaden des Untergeschosses und die Fenster des Obergadens wird jedoch nicht, wie wenig später in Cluny, ein Triforium geschaltet, sondern die Wand öffnet sich zu einer Empore. Das Emporengeschoß war zu dieser Zeit unverbrüchlicher Bestandteil des normannischen Kirchenbaus. Weil die Sakralbauten der Normandie jedoch nicht eingewölbt waren, fiel der Empore in ihrer Ursprungslandschaft die bauästhetische Funktion der Wandauflockerung zu. St-Etienne dagegen wurde mit einer halbrunden Tonne überwölbt, die sich ohne eine solide Abstützung, etwas waghalsig anmutend, über dem Mittelschiff der Basilika erhebt. Ungeachtet der würdevollen Raumwirkung hat man deshalb die bauliche Lösung von St-Etienne als unbefriedigend empfunden und mit der Kirche von Châtel-Montagne nur einen einzigen Nachfolger errichtet. Nun liegt aber gerade dieser Ort in der nordöstlichen Peripherie der Auvergne, wo sich in der ersten Hälfte des 12. Jahrhunderts ebenfalls das Muster der Emporenbasilika als lokale Bauform durchsetzte. In den Beispielen in Clermont-Ferrand, St-Nectaire, Issoire und Orcival – um nur die wichtigsten zu nennen – ist die Empore höher gerückt. Hier führten die Architekten die Vierteltonnen der Emporen an den Fußpunkt der Mittelschifftonne, die damit ein stabiles Widerlager ihrer zu den Seiten hin wirkenden Schubkräfte erhielt. So ist also die Empore von der Normandie über Burgund in die Auvergne gewandert und hat auf diesem Wege den Bedeutungswandel von einer ästhetischen Bauform zu einem statischen Träger erfahren.

Bereits im 12. Jahrhundert ging die führende Rolle unter den Kunstlandschaften Frankreichs an das Kronland der Ile de France und die angrenzenden Gebiete Picardie und Champagne über. Fortan beherrschte das kühne Vertikalstreben der Kathedralgotik das Bauen. Allerdings setzten die burgundischen Architekten die Anregungen in einem eigenen Sinne um. Nur ganz wenige Bauten dieser Zeit sind als echte Ableger der Ile de France zu werten, etwa Notre-Dame in Semur-en-Auxois oder der Chor der einstigen Klosterkirche St-Thibault. Anknüpfend an das Erbe der Romanik sucht die Baukunst des 13. Jahrhunderts in Burgund auch weiterhin die Ausgewogenheit zwischen Höhe und Breite. Am weitesten ist man dabei in Nevers gegangen. Die dortige Kathedrale St-Cyr-et-Ste-Julitte wirkt geradezu behäbig hingelagert. In der Aufbrechung der Wände und der Verwendung bauplastischer Glieder wie freistehende Säulchen im Triforium oder das Maßwerk setzten die Architekten Burgunds auf besondere Feingliedrigkeit. Die Kirchen Notre-Dame in Dijon und ganz besonders der Chor von St-Thibault zeigen eine Zartheit des Maßwerks und eine Leichtigkeit in der Zweischaligkeit der Wände, wie es nicht einmal die berühmtesten Kathedralen der Nordprovinzen besitzen (S. 155-157).

Andererseits wäre die Gotik ohne einen wesentlichen Anteil Burgunds nicht zustande gekommen. Die von den Cluniazensern erstmals angewandte Zuspitzung von Arkaden und Gewölben an der Kirche Cluny III stellte Ende des 11. Jahrhunderts einen bau-

Burgund und Europa

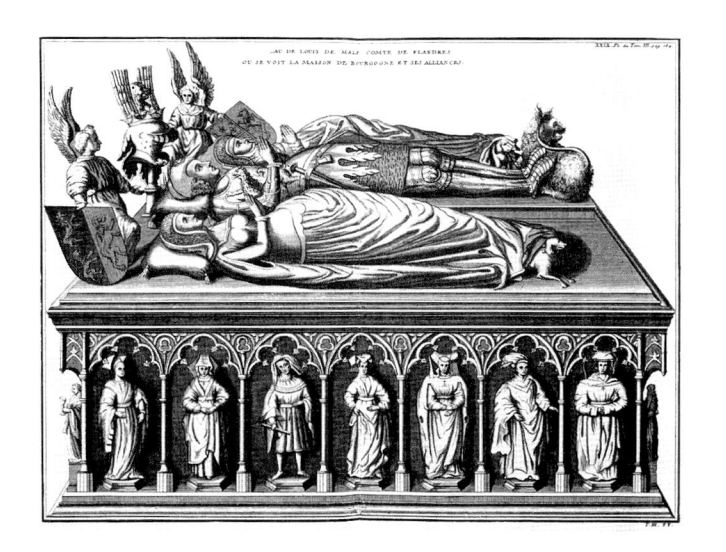

technischen Durchbruch dar. Mittels der Zuspitzung war es gelungen, die Schubkräfte des Gewölbes zu mildern und stärker zu vertikalisieren, so daß die tragenden Teile der Stützen und Wände entlastet wurden. Die daraus resultierenden Konsequenzen waren weitreichend, denn jetzt konnte man die Kirchenwände dünner, kostengünstiger und in entsprechend kürzerer Zeit hochziehen. Darüber hinaus war es nun möglich geworden, die Bauten auf eine bis dahin nicht gekannte Höhe emporzuführen. Erst an der Fünfzig-Meter-Schwelle, die Mitte des 13. Jahrhunderts in der Kathedrale von Beauvais angestrebt wurde, waren die baustatischen Möglichkeiten des Mittelalters erschöpft. Hier half auch das gotische Prinzip des Strebewerks am Außenbau nichts mehr: die Gewölbe stürzten ein.

Die Erstarrungstendenzen der spätromanischen Skulptur Burgunds verschmolzen nahtlos mit der strengen Haltung der frühgotischen Skulptur Nordfrankreichs. Im Verlauf des 13. Jahrhunderts verblaßte die burgundische Skulptur völlig im Schatten des Kronlandes, um erst Ende des 14. Jahrhunderts wieder mit großen Leistungen auf den Plan zu treten.

Burgund und die Niederlande

Die von Dijon aus regierten burgundischen Niederlande bildeten ein heterogenes, durch Erbschaft, Kauf oder mit Waffengewalt gewonnenes und arrondiertes Staatengebilde, das die Territorien der heutigen Staaten Niederlande (Holland) und Belgien umspannte. Diese Gebiete, allen voran Flandern, traten für das burgundische Kernland im Spätmittelalter als kulturelle Bezugsquellen zunehmend in Erscheinung, nachdem die Großen Herzöge ihre Herrschaft bis an die Nordsee ausgedehnt hatten.

Bereits 1373 faßte Philipp der Kühne den Plan, vor den Toren von Dijon ein Kartäuserkloster als Grablege der neuen Dynastie zu errichten. Allein, es fehlten zunächst die Geldmittel. Die flossen nach dem Tod des Schwiegervaters Ludwig von Maele 1384 dafür um so reichlicher, da das Herzogspaar nun das Erbe über das reiche Flandern antreten konnte (vgl. Abb. 8). 1385 legte der Herzog den Grundstein zum größten Bauprojekt seiner Regierungszeit. Mit 24 Mönchen war das Kloster doppelt so groß wie herkömmliche Kartausen, also ebenso wie die Certosa von Pavia, die Grablege der Visconti und Sforza von Mailand, eine Doppelkartause. Der Bau muß mit unglaublicher Verve vorangetrieben worden sein, denn bereits 1388 wurde die Kirche geweiht. In der Folgezeit beschäftigte Philipp der Kühne ein ganzes Heer von Künstlern, die die Kartause von Champmol mit ihren Werken prachtvoll ausstatteten. Die Leitung der neueingerichteten Bildhauerwerkstatt lag zunächst in der Hand des Franzosen Jean de Marville. Dieser machte sich unverzüglich an die Planung des Kirchenportals; zugleich lieferte er erste Entwürfe für das monumentale Herzogsgrab.

Nach dem baldigen Tod Marvilles 1389 folgte ihm als Hofbildhauer der aus den Niederlanden stammende Claus Sluter. In seiner Gestalt und in seinem Werk wird die Internationalität Burgunds besonders greifbar. Obwohl er aus einem anderen Kulturraum kam, sind Sluters Skulpturen zum Inbegriff burgundischer Kunst geworden. Tatsächlich muß der Bildhauer etwas von burgundischer Lebensart und Empfindung verinnerlicht haben, denn anders als die zarten Gestalten der Spätgotik in seiner Heimat besitzen seine Figuren ein behäbiges Volumen und vermitteln den Eindruck von in sich ruhender Erd-

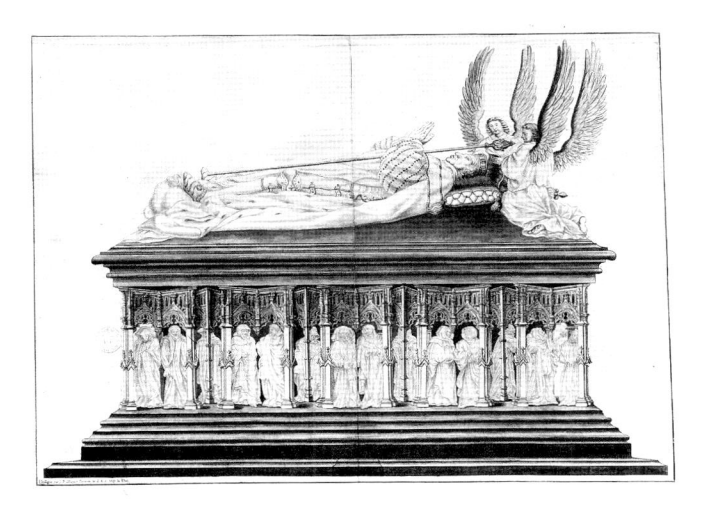

Abb. 8 Grabmonument des Grafen Ludwig von Maele, gest. 1383. Auf der Deckplatte die Liegefigur des Grafen zwischen der seiner Gemahlin Margarete von Brabant und seiner Tochter Margarete, durch deren Heirat mit Herzog Philipp dem Kühnen das reiche flandrische Erbe an Burgund kam. Das von Herzog Philipp dem Guten von Burgund in Auftrag gegebene Grabmal in Lille wurde während der Französischen Revolution zerstört. Stich aus B. De Montfaucon, Les monuments de la monarchie française, *1730*

Abb. 9 Das Grabmal Herzog Philipps des Kühnen von Claus Sluter in der Kartause von Champmol, Zustand vor der Zerstörung während der Revolution. Zeichnung des Malers Jacques Philippe Gilquin, Paris, Bibliothèque Nationale

Burgund und Europa

verbundenheit. Besonders die Gestalt des Propheten Moses, nach der der Brunnen im Herzen der Kartause seinen Namen trägt, hat dafür exemplarischen Charakter. Sluter arbeitete an der Wende vom 14. zum 15. Jahrhundert gleichzeitig an drei bedeutenden Aufträgen: am Herzogsgrab (Abb. 9), am Kirchenportal des Kartäuserklosters (Abb. 10) und am Mosesbrunnen (Abb. 11). Dabei hat er Werke geschaffen, in denen sich der Weiche Stil der Zeit um 1400 vollendete, während ihr Schöpfer zugleich der Kunst des 15. Jahrhunderts in zentralen Punkten den Weg wies.

Die Lebendigkeit seiner *Pleurants* am Herzogsgrab, von denen sich einer die Nase schneuzt, ein anderer Tränen aus den Augen wischt – spontane Momentaufnahmen also –, stellt in der Kunst des Spätmittelalters ein Novum dar. Dieser Realismus kennzeichnet auch die knienden Stifterfiguren am Kirchenportal der Kartause. Wir kennen Beschreibungen vom Aussehen Philipps des Kühnen und seiner Frau Margarete von Flandern. Aus ihnen dürfen wir schließen, daß die Bildnisse wahrhaftige Porträts sind, eine weitere der bahnbrechenden Neuerungen Sluters.

Man vermutet, daß der Bildhauer auch die sechs überlebensgroßen Propheten am Mosesbrunnen nach dem Vorbild lebender Personen seiner Zeit geschaffen hat. Diese paarweise einander zugeordneten Figuren sind Verkörperungen eindringlicher psychologischer Studien. Das Ausloten von geistigen und seelischen Zuständen sollte die Kunst der Renaissance mit Begeisterung aufnehmen. Die Statue des Moses ist die des weisen Sehers. Sein Blick schweift in die Ferne, und er scheint gedankenschwer das Los der Menschheit in seinem Inneren zu bewegen. David dagegen sehen wir in der Pose des klugen und abgeklärten Souveräns. Jeremia, der Autor der Klagelieder, dessen Prophetien niemand Glauben schenkte, wirkt wie von tiefer Skepsis erfüllt. Die Gestalt des greisen Zacharias ist von Schmerz gebeugt und gramvoll in sich versunken; sie hat zugleich Symbolcharakter für die Epoche, deren Grundstimmung Johan Huizinga als depressiv charakterisiert hat. Die Propheten Daniel und Jesaja bilden eine von dramatischer Spannung erfüllte Zweiergruppe. Während Daniel herrisch, beinahe aggressiv auf sein Schriftband deutet, ist ihm der betagte Jesaja in stiller Konzentration lauschend zugewandt. Die Arbeiten Sluters setzten nach seinem Tode zunächst sein Neffe Claus de Werve, dann der Spanier Juan de la Huerta und zuletzt der Franzose Antoine de Moiturier fort.

Daß wir die Skulptur am Hofe der Burgunderherzöge einer Betrachtung der Malerei vorangestellt haben, geschieht aus gutem Grund, denn in der Hierarchie der Künste genoß die Bildhauerkunst damals den Vorrang vor der Malerei. Dies sollte sich im Laufe des 15. Jahrhunderts grundlegend wandeln. Die niederländischen Maler, die im Auftrag Philipps des Kühnen und seiner Nachfolger tätig waren, haben die altniederländische Malerei bereits in den ersten Jahrzehnten ihrer Herausbildung und Entfaltung auf allerhöchstes Niveau gebracht. Anders als Sluter, der in Dijon direkt vor Ort tätig war, haben sie ihre nordische Heimat kaum verlassen. Sie schufen ihre Porträts, Stifterbildnisse und Altartafeln in ihren heimischen Ateliers. Von dort wurden die Kunstwerke an den Ort ihrer Bestimmung expediert, darunter so berühmte Bilder wie die sogenannte Rolin-Madonna von Jan van Eyck, die sich heute im Louvre befindet, und der bekannte Weltgerichtsaltar des Rogier van der Weyden im Hôtel-Dieu in Beaune (S. 150). Dieses Verfahren verdeutlicht, daß sich die Herzöge, die sich – wie zuweilen auch

Abb. 10 Kirchenportal der ehemaligen Kartause von Champmol mit den knienden Stifterfiguren des Herzogspaares Philipp der Kühne und Margarete von Flandern in Anbetung der Madonna mit Kind, von Claus Sluter

Abb. 11 Der Mosesbrunnen von Claus Sluter in der ehemaligen Kartause von Champmol vor den Toren Dijons. Links die Statue des Moses, vorn König David, rechts Jeremia

ihr Kanzler und andere Höflinge – als Mäzene hervortaten, damals keinen besonderen Wert mehr darauf legten, einheimische Künstler aus dem Kerngebiet des Herrschaftsbereiches zu rekrutieren, sondern die Aufträge ausschließlich nach Maßstäben der Qualität und Eignung vergaben. Es ist also an dieser Stelle noch einmal zu betonen, daß die künstlerische Blüte Burgunds im 15. Jahrhundert nicht burgundischen Ursprungs ist, sondern in der Hauptsache auf der Präsenz der Niederlande im Herzogtum beruht.

Dies gilt übrigens auch für die Architektur dieser Zeit. Das weltberühmte Hôtel-Dieu in Beaune wurde von niederländischen Baumeistern in flandrischen Formen errichtet (S. 144-147). Mit diesem Bauwerk hielt zugleich das Fachwerk Einzug in die burgundische Architektur, aus der es fortan nicht mehr wegzudenken war. Das auffallendste Charakteristikum des Hôtel-Dieu, die farbig glasierten Ziegel, sollte gleichfalls zum Repertoire burgundischen Formenschatzes gehören und vielerorts Schlösser (zum Beispiel La Rochepot, S. 153), Kirchen (zum Beispiel St-Bénigne in Dijon) oder die Wohnsitze wohlhabender Bürger nachfolgender Epochen zieren.

Burgund und Deutschland

Nachdem 1032 die Franche-Comté, die Freigrafschaft Burgund, an das Heilige Römische Reich Deutscher Nation gefallen war, sahen sich Deutschland und das französische Herzogtum für einige Jahre als direkte Nachbarn. Dieser Umstand dürfte mit dafür verantwortlich sein, daß wenig später Hirsau zum Zentrum einer Cluny vergleichbaren monastischen Reform im deutschsprachigen Raum wurde. Eine tiefere Durchdringung deutscher Kunst durch burgundische Einflüsse hat jedoch ebensowenig stattgefunden wie umgekehrt. Man hat zeitweilig sogar den Eindruck, daß das Verhältnis der Nachbarn von Rivalitätsdenken beherrscht war. Mit glänzendem Resultat hatte Kaiser Heinrich IV., unter dessen Regierung der Investiturstreit seinen Höhepunkt erreichte, um 1080 den Umbau des Domes von Speyer initiiert. Dabei erhielt das frühsalische Bauwerk die Kreuzgratgewölbe im Mittelschiff. Die Einwölbung eines derart groß dimensionierten Raumes hatte man andernorts, auch in der französischen Architektur, bis dahin nicht gewagt. Was lag da näher, als sich in Cluny beim Bau der Abteikirche Cluny III, deren Grundsteinlegung acht Jahre später erfolgte, des in Speyer bewährten Musters zu bedienen. Das aber würde bedeuten, daß sich ausgerechnet die Träger der Kirchenreform, die einzig den Papst als übergeordnete Autorität anerkannten, das Bauwerk eines Herrschers zum Vorbild genommen hätten, der mit dem Papsttum damals um den Primat rang und sich den Selbstbestimmungsforderungen des Klerus vehement widersetzte. Nicht zuletzt dieser Gewissenskonflikt hat in Cluny letztlich zur Erfindung der Tonnenzuspitzung geführt, die eine praktikable Alternative zum Speyerer System darstellte.

Wäre es nach den utopischen Plänen Karls des Kühnen gegangen, hätten Burgund und Deutschland längerfristig zu einer Einheit geschmiedet werden sollen. Immerhin hatte der Herzog Kaiser Friedrich III. bereits so weit gebracht, ihm einen Königstitel zuzuerkennen. Allein das ungestüme Temperament und der Realitätsverlust, der für das Handeln Karls des Kühnen in seinen letzten Lebensjahren kennzeichnend wurde, ließ den Herzog in seinen diplomatischen Bemühungen scheitern.

Hatte das französische Lehnsherzogtum Burgund also historisch bedingt nur oberflächlichen Kontakt

Burgund und Europa

zu Deutschland gehalten, funktionierte der Austausch zwischen den vormals burgundischen und seit 1477 habsburgischen Niederlanden und dem deutschsprachigen Raum um so reibungsloser. Als von Maximilian eingesetzte Statthalterin der Niederlande berief seine Tochter, die nach dem Tod des Infanten Juan und ihres zweiten Gemahls Philibert von Savoyen erneut verwitwete Margarete von Österreich, deutsche Künstler an ihren Hof in Mechelen. Albrecht Dürer hielt sich dort vorübergehend auf. Der aus Worms stammende Konrat Meit schuf im Auftrag Margaretes (vgl. Abb. 12) die Grabmäler im Kloster Brou in der Landschaft Bresse an Burgunds Ostflanke (S. 62, 63). Sie stellen Höhepunkte der europäischen Skulptur in der ersten Hälfte des 16. Jahrhunderts dar. Meit ist als Bildhauer das Äquivalent zu dem Maler Dürer. Daß sein Name so wenig bekannt ist, liegt daran, daß viele der von ihm geschaffenen Werke Gräber waren, die in französischen Kirchen während der Revolutionszeit zerstört wurden. Unbegreiflich aber ist, daß Konrat Meit auch von der kunstgeschichtlichen Forschung konsequent ignoriert wird und die letzte Monographie 1927 erschien.

Heute besteht ein enges, wenngleich recht einseitiges Verhältnis zwischen Burgund und Deutschland: Jährlich reisen derzeit etwa 300 000 Deutsche nach Burgund, das als klassisches Ziel für Bildungsreisen gilt. Die Deutschen stellen damit die personenstärkste Gruppe unter den Gästen aus dem Ausland dar, gefolgt von Engländern und Amerikanern. Die Burgunder dagegen sind ihrer Scholle verbunden. Man bleibt auch im Urlaub lieber im eigenen Lande und sucht die Küsten des Mittelmeers oder des Atlantik auf. Andererseits ist Burgund mit seinen Produkten auf allen Märkten der Welt vertreten. Der Burgunderwein genießt seit alters Weltruf, aber auch Käse, das Fleisch des cremefarbenen Charollais-Rindes und Milchprodukte werden überallhin und insbesondere nach Deutschland exportiert.

Burgund und Österreich

Eine erste Berührung zwischen Burgund und dem seit 1156 als selbständiges Herzogtum sich konstituierenden Österreich kam durch das Wirken der Zisterzienser zustande. Ihre Verbreitung in Österreich fiel mit der Regierungszeit Leopolds VI. zusammen (1198-1230). Der Babenberger war ein weltoffener Herrscher; politisch erfolgreich, tat er sich auch als Klostergründer hervor. Namentlich mit dem Kloster Lilienfeld in Niederösterreich rief Leopold VI. ein Zisterzienserstift ins Leben, das für die Kultur des ganzen Landes prägenden Charakter gewinnen sollte. Mit diesem Bauwerk (Grundsteinlegung 1202, Chorweihe 1217, Schlußweihe 1263) hielt die Gotik triumphalen Einzug in Österreich, wo sie sich mit letzten Äußerungen noch bis in das anbrechende 17. Jahrhundert hielt. Ungeachtet der räumlichen Nähe zu Italien ist die Kunst Österreichs über einen Zeitraum von annähernd vierhundert Jahren stärker vom burgundisch-französischen als vom italienischen Einfluß geprägt worden. Die Renaissance wurde in der Alpenrepublik praktisch übersprungen. Die Epoche der Übernahme italienischer Anregungen großen Stils brach für Österreich erst mit dem Barockzeitalter an.

Nachdem dem Haus Habsburg 1477 die außerfranzösischen Besitzungen der Burgunder Valois-Herzöge zugefallen waren, kam es zu einem engen Kontakt mit den Niederlanden. Es fällt allerdings auf, daß Österreich sich selbst wenig von dieser Begegnung inspirieren ließ. Die Blickrichtung der Künstler zielte seit dem 16. Jahrhundert doch mehr in Richtung Italien. Die habsburgische Präsenz in den Niederlanden – die sich allerdings bald nur noch auf die Südprovinzen beschränkte, nachdem die protestantischen Nordprovinzen, die sogenannten Generalstaaten, im Westfälischen Frieden ihre Unabhängigkeit von Spanien und dem Reichsverband durchgesetzt hatten – sollte jedoch auf andere Weise Früchte tragen, wie ein Besuch des Kunsthistorischen Museums in Wien eindrucksvoll vor Augen führt. Die

Abb. 12 Porträtbüste der Margarete von Österreich von Conrat Meit. München, Bayerisches Nationalmuseum

berühmte Gemäldegalerie gründet im wesentlichen auf der Sammlung, die Erzherzog Leopold Wilhelm während seiner Statthalterschaft in den Niederlanden (1647-56) zusammentrug. Der einzigartige Reichtum an Bildern Pieter Bruegels d. Ä. dagegen stammt aus den Prager Beständen Kaiser Rudolfs II., der gleichfalls ein begeisterter Sammler war.

Nach dem Aussterben der spanischen Habsburger kam es 1700 zum Spanischen Erbfolgekrieg. In den Konflikt zwischen den Habsburgern und den Bourbonen waren praktisch alle Staaten Europas involviert. Schließlich bestieg mit Philipp V. ein Bourbone den spanischen Thron; Österreich wurde im Kompromißfrieden von Utrecht 1713 mit den spanischen Domänen Neapel und Mailand-Oberitalien sowie den katholischen Niederlanden entschädigt, für die noch bis ins 19. Jahrhundert der Name Burgund geläufig war. Der Wiener Kongreß trennte Flandern und Brabant endgültig von Habsburg und stellte die alte Einheit der Provinzen als Königreich der Vereinigten Niederlande kurzfristig wieder her. Seit 1831 sind die vormals habsburgischen Niederlande als Königreich Belgien ein souveräner Staat.

Herzog Philipp der Gute hatte anläßlich seiner Eheschließung mit Isabella von Portugal 1429 den Orden vom Goldenen Vlies gegründet, den bedeutendsten Laienorden des Spätmittelalters in Europa. Dem Stifter stand dabei der Zug der Argonauten vor Augen, der dem von ihm geplanten (aber nicht realisierten) Kreuzzug als sagenhaftes Vorbild hätte leuchten sollen. Diese nostalgische Note ist charakteristisch für die letzten Jahrzehnte des Spätmittelalters am Vorabend der Renaissance. Man klammerte sich an idyllische Vorstellungen, pflegte das Ideal vom Rittertum, das längst gegenstandslos geworden war, weil der Kampf nicht mehr durch das Schwert, sondern durch Feuerwaffen entschieden wurde. Der Orden vom Goldenen Vlies war Inbegriff des burgundischen Hofzeremoniells, das an Prachtentfaltung alle Höfe des 15. Jahrhunderts in den Schatten stellte. Als Maria von Burgund 1482 starb, fiel die Würde des Ordens-Großmeisters an das Haus Habsburg und über ihren Sohn Philipp an Spanien. Dieses burgundische Erbe wurde nach dem Aussterben der spanischen Habsburger zum Streitobjekt zwischen dem Bourbonen Philipp V. und Kaiser Karl VI. So kam es, daß es seither sowohl in Spanien als auch in Österreich einen Zweig des Ordens gab, in dem ein zentrales Kapitel des burgundischen Hofzeremoniells fortlebte.

Burgund und die Schweiz

Nach dem Scheitern seiner Verhandlungen mit Friedrich III. in Trier hielt Karl der Kühne 1474 in Dijon eine programmatische Rede, in der er sein politisches Ziel deutlich beim Namen nannte: die Wiedererstehung des lotharingischen Reiches. Damit war klar, daß alle Nachbarn des Herzogtums um ihre Selbständigkeit bangen mußten. Die Aussichten standen blendend für den Burgunder. Mit Edward IV. von England hatte er einen Pakt geschlossen, bei dessen Verwirklichung das Gespenst des Hundertjährigen Krieges wieder auferstanden wäre. Karl sicherte dem englischen König seine Unterstützung bei dessen Ziel einer Thronbesteigung in Frankreich zu. Im Gegenzug garantierte ihm der Vertragspartner die Überlassung der Champagne und anderer Territorien. Als Edward allerdings im Sommer 1475 in Frankreich landete und mit seinen Truppen auf Reims marschierte, das Ludwig XI. in Windeseile zur Verteidigung rüstete, war Karl der Kühne gerade damit beschäftigt, die rheinische Stadt Neuß zu belagern. Gleichzeitig brachen Aufstände im Elsaß und in Lothringen aus. Die Schweizer hatten sich zudem mit ihren Erzrivalen – den Österreichern – verbündet, und den Burgundern bei Héricourt eine erste Niederlage beigebracht. Karl mußte deshalb einen Großteil seiner Streitmacht an der Ostflanke Burgunds zurücklassen und führte den Engländern nur noch ein Schrumpfheer zu. Edward IV. sah darin einen Vertragsbruch und suchte rasch die Aussöhnung mit dem französischen König. Von seiner Waffenbruderschaft entbunden, hatte Karl nur freie Hand für seine Operationen im Elsaß und in Lothringen. Zunächst trachtete er danach, den Schweizern als Rache für die Schmach von Héricourt eine Lektion zu erteilen. Und damit begann das drama-

Burgund und Europa

tische letzte Kapitel der Geschichte der Burgunder Valois, da Karl fortan wie von Sinnen handelte. Im Februar 1476 eroberte er Grandson und veranstaltete ein Gemetzel unter der Bevölkerung. Beim Weitermarsch geriet das burgundische Heer, das bis dahin den Ruf der Unbesiegbarkeit genossen hatte, jedoch in einen Hinterhalt der Schweizer und wurde vernichtend geschlagen. Anstatt den Gegenschlag planvoll anzugehen, hob Karl überstürzt neue Truppen aus, die er völlig unvorbereitet im Juni desselben Jahres in die nächste Schlacht bei Murten und damit unweigerlich ins Verhängnis führte. 8 000 gefallene Burgunder blieben auf dem Schlachtfeld zurück. Zudem fiel den Schweizern eine reiche Beute in die Hände. An der Seite der Schweizer hatte auch der Herzog von Lothringen, René de' Gute, der zugleich der letzte Graf der Provence aus dem Haus Anjou war, mitgefochten. Er holte sich im Herbst 1476 Nancy, die Hauptstadt Lothringens, mit Unterstützung der Schweizer von den Burgundern zurück. Karl der Kühne folgte ihm dorthin und belagerte Nancy. Am 5. Januar 1477 wurde er vor den Toren der Stadt von einem verirrten Geschoß getroffen. Man fand seinen Leichnam erst zwei Tage darauf im Morast und bereits von Hunden angenagt. Über die schrittweisen Verluste des letzten Burgunder Valois hat der Volksmund später treffend gedichtet: »Vor Grandson das Gut, vor Murten der Mut, vor Nancy das Blut«.

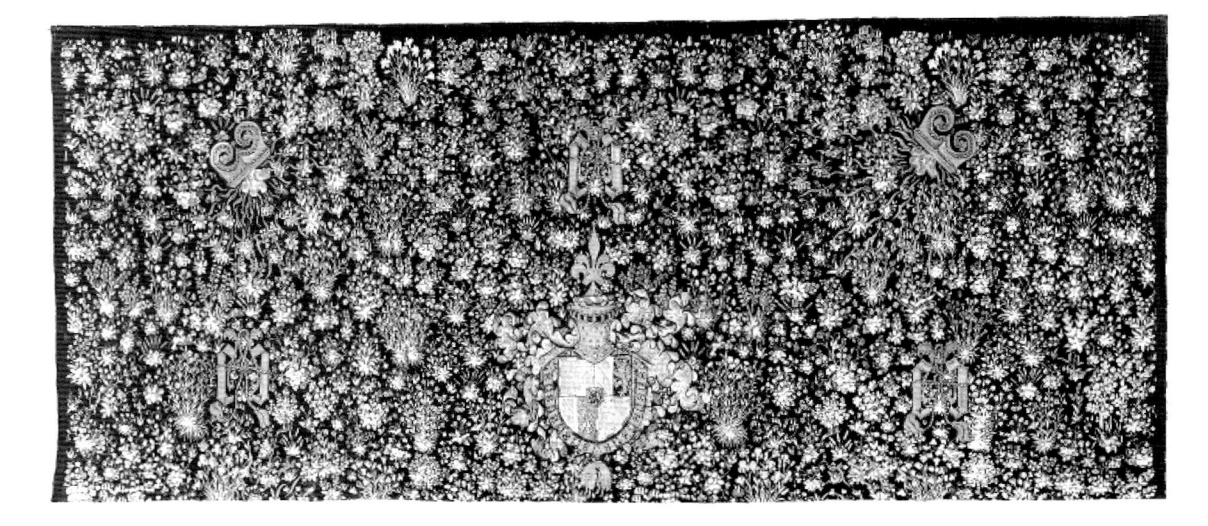

Die Schweizer waren also die eigentlichen Totengräber des Burgunderreiches. Ihr spektakulärer Erfolg versetzte nun die Eidgenossen ihrerseits in einen vorübergehenden Großmachtsrausch. Sie hatten das Ziel vor Augen, ihr Gebiet nach Süden auszudehnen, und machten damit den Franzosen den Herrschaftsanspruch über Mailand streitig. 1515 mußten sie sich aber bei Marignano den Franzosen geschlagen geben. Seither wahrt die Schweiz strikte Neutralität und hat sich fortan aus allen europäischen Händeln herausgehalten.

Bei Grandson wie bei Murten hatten die Eidgenossen stattliche Kriegsbeute gemacht. Abgesehen von Unmengen von Proviant und militärischem Gerät fielen ihnen zahlreiche Gegenstände von zum Teil beträchtlichem Wert in die Hände, da Karl der Kühne auch auf seinen Feldzügen nicht auf höfischen Luxus verzichten wollte. So trugen die Sieger neben Feldzeichen und Standarten auch Pokale, Schmuckstücke, kostbares Geschirr und Besteck, Siegel und eine große Zahl an Teppichen davon. Alle diese Dinge sind erhalten und im Historischen Museum der Stadt Bern ausgestellt. Wertvollstes Stück der legendären »Burgunderbeute« ist einer jener *Millefleurs*-Teppiche, die im Spätmittelalter außerordentlich geschätzt waren und zu astronomischen Preisen gehandelt wurden. Er stammt aus einem Brüsseler Atelier und zeigt 35 verschiedene Pflanzenarten um das Burgunderwappen und um eine Darstellung der Kette des Ordens vom Goldenen Vlies drapiert (Abb. 13). Da es sich dabei ausschließlich um Blumen der Mittelmeerflora handelt, vermutet man, daß den Künstlern ein aus Italien stammendes Herbarium als Vorlage diente.

Abb. 13 Tausendblumenteppich aus der Burgunderbeute, entstanden 1466 in einem Brüsseler Atelier. Bern, Historisches Museum

Die Bilder

24 Tournus, ehemalige Abteikirche St-Philibert

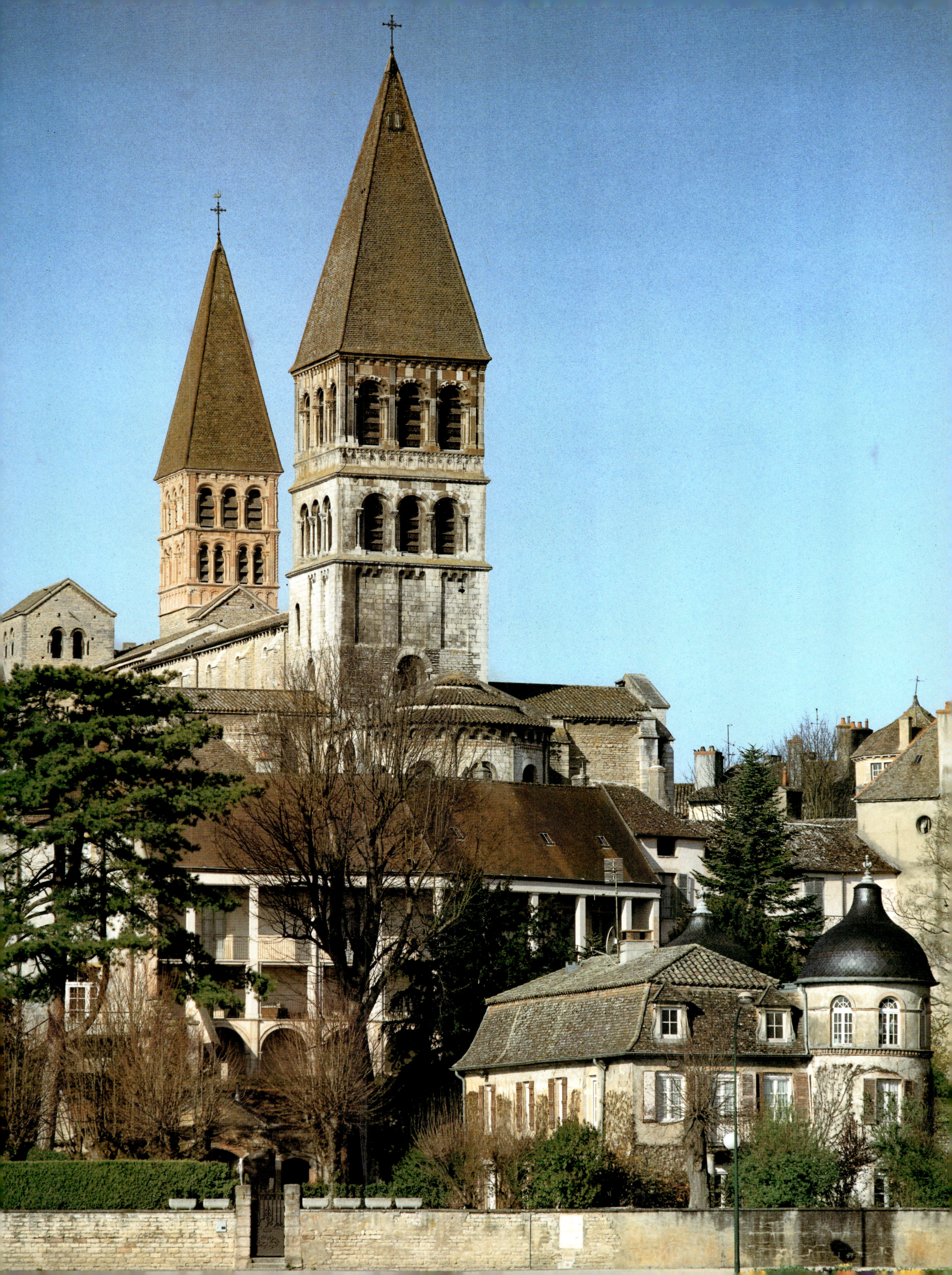

26 Tournus, ehemalige Abteikirche St-Philibert

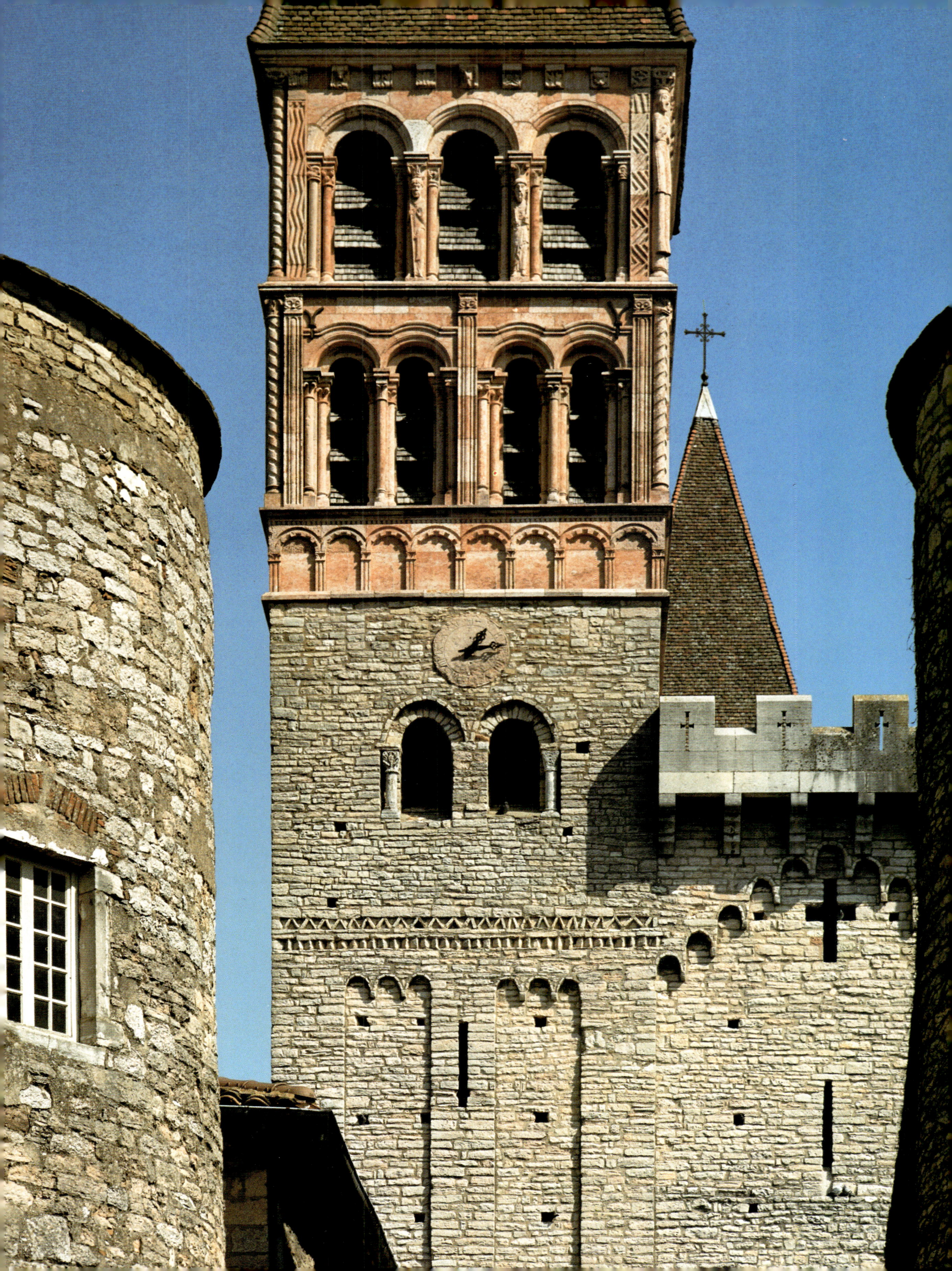

28 Tournus, ehemalige Abteikirche St-Philibert

Tournus, ehemalige Abteikirche St-Philibert

30 Tournus, ehemalige Abteikirche St-Philibert

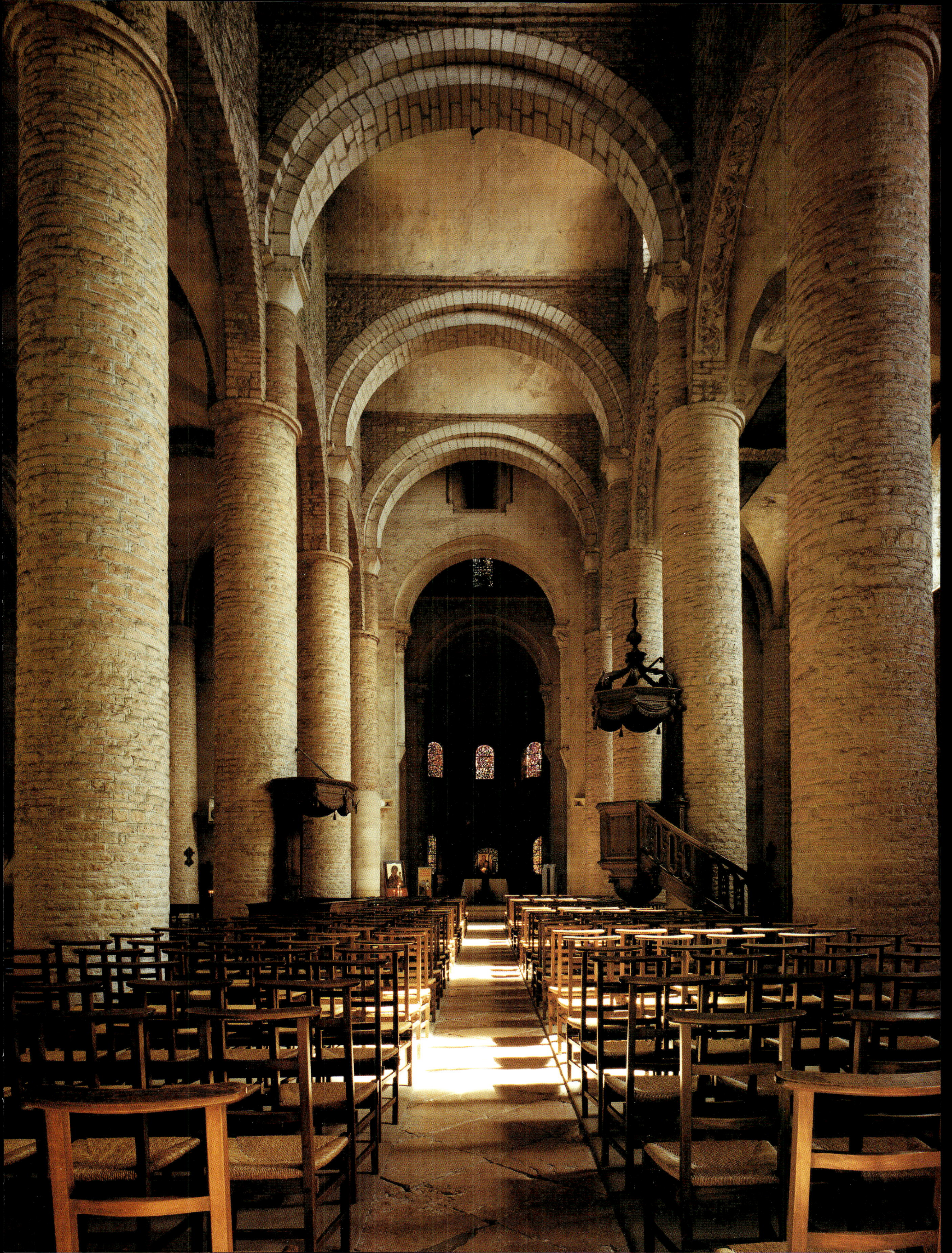

32 Tournus, ehemalige Abteikirche St-Philibert

Tournus, ehemalige Abteikirche St-Philibert

34 Tournus, ehemalige Abteikirche St-Philibert

Uchizy, ehemalige Prioratskirche St-Pierre

Landschaft im Clunisois

Rechts: Chapaize, ehemalige Prioratskirche St-Martin

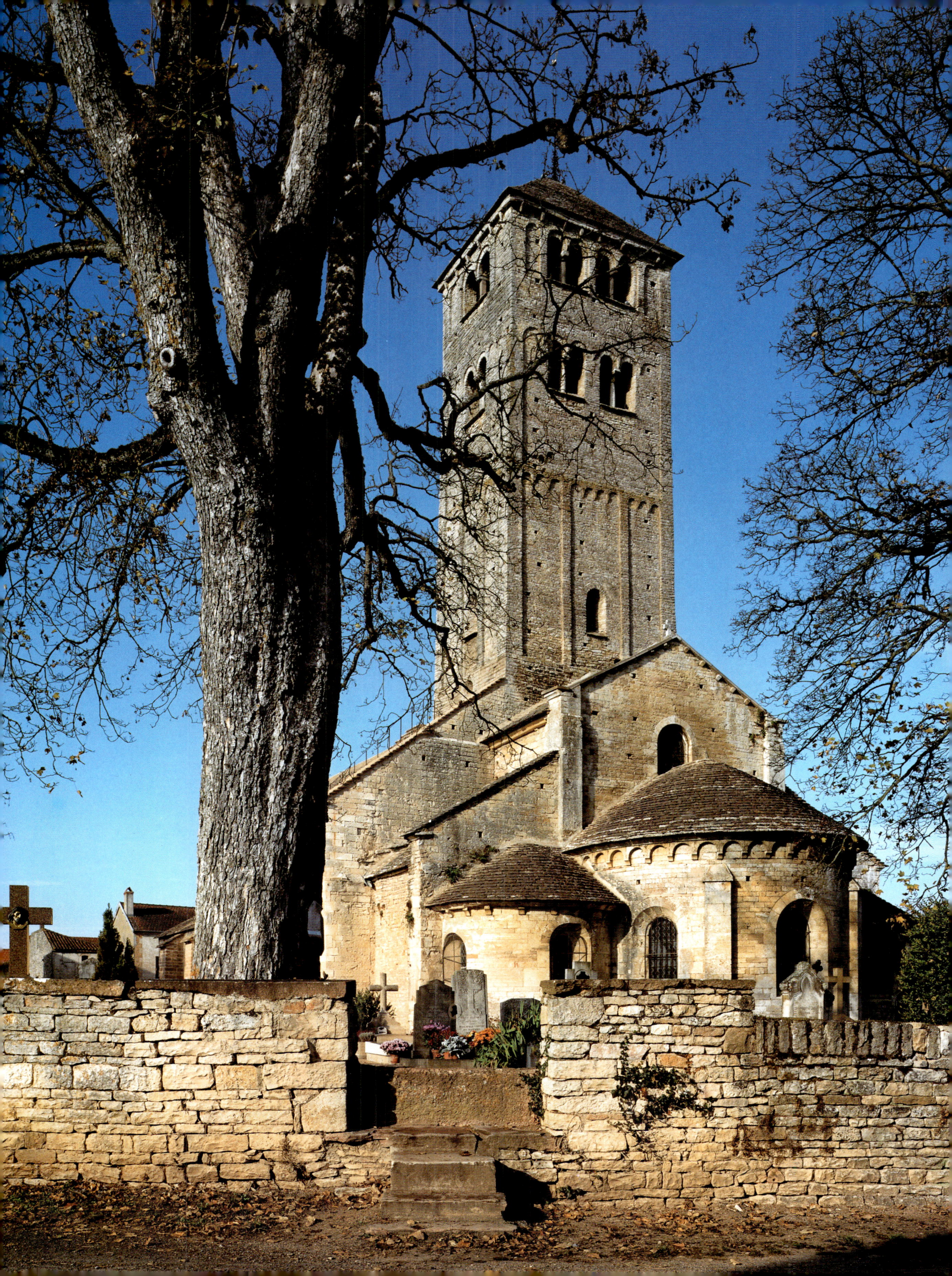

Chapaize, ehemalige Prioratskirche St-Martin

Chapaize, ehemalige Prioratskirche St-Martin

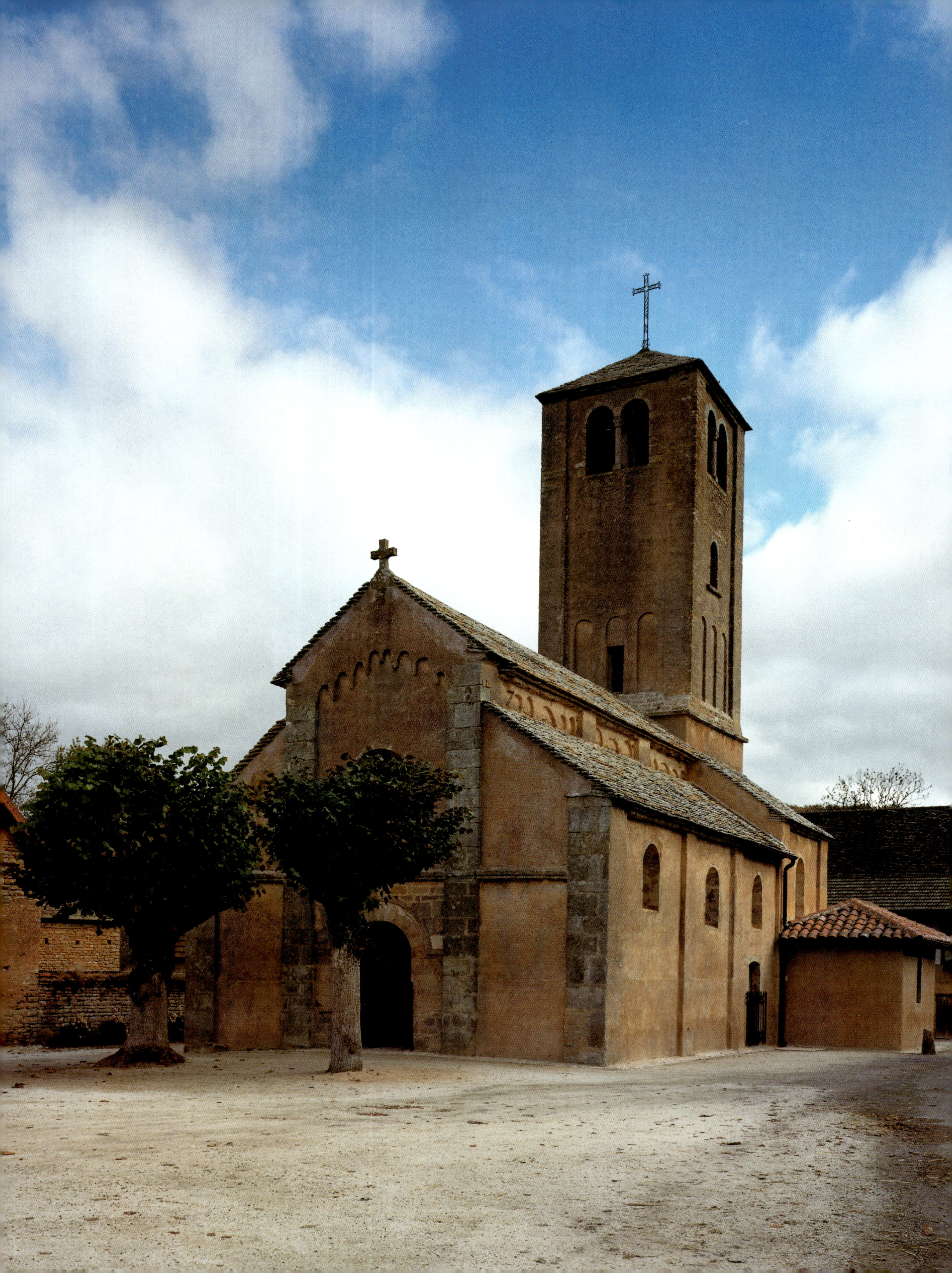

Links: St-Vincent-des-Prés, ehemalige Prioratskirche St-Vincent   Ameugny, ehemalige Prioratskirche

42 Brancion, romanische Kirche St-Pierre

Grevilly, romanische Kirche

Château de Cormatin

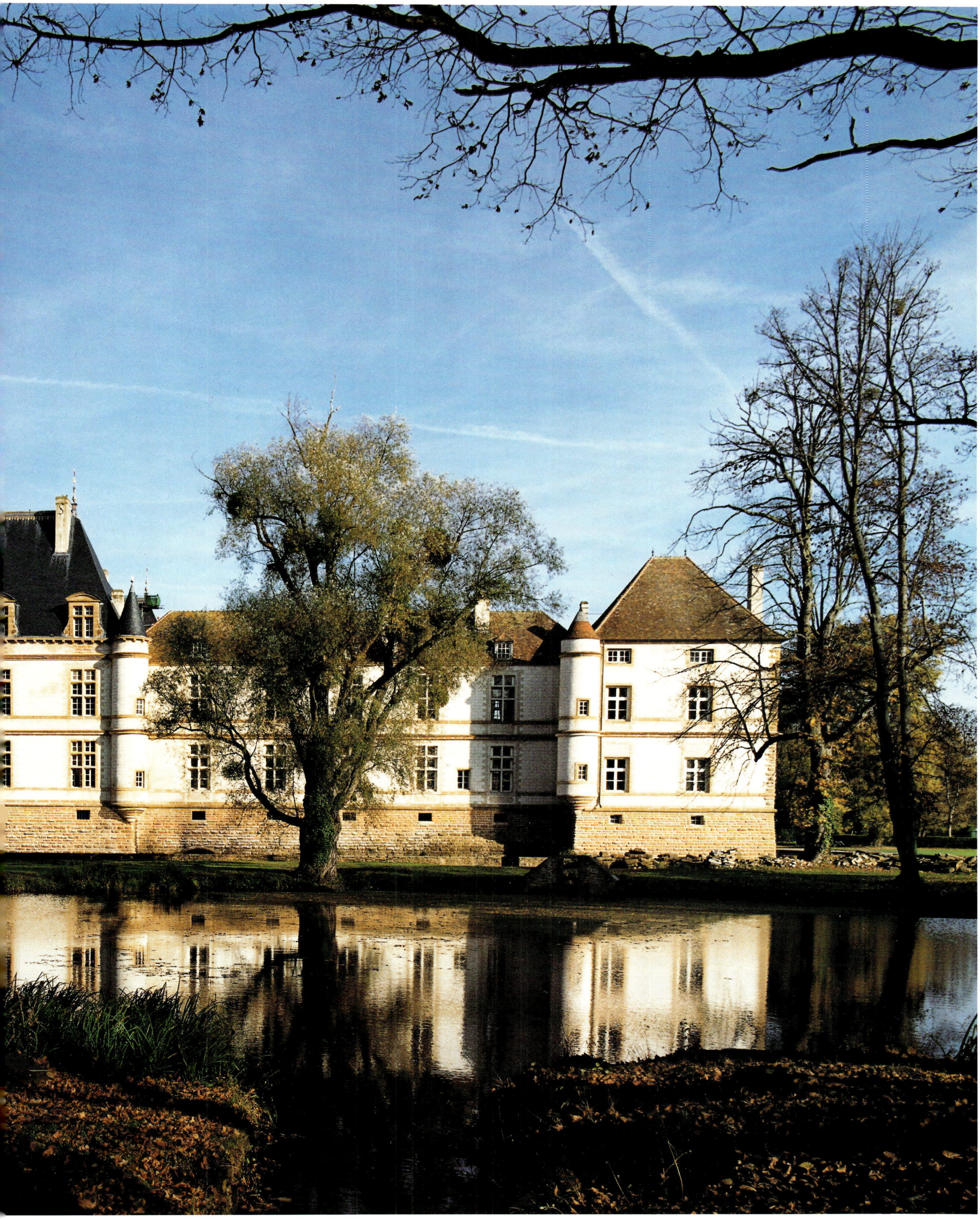

Château de Cormatin

Château de Cormatin

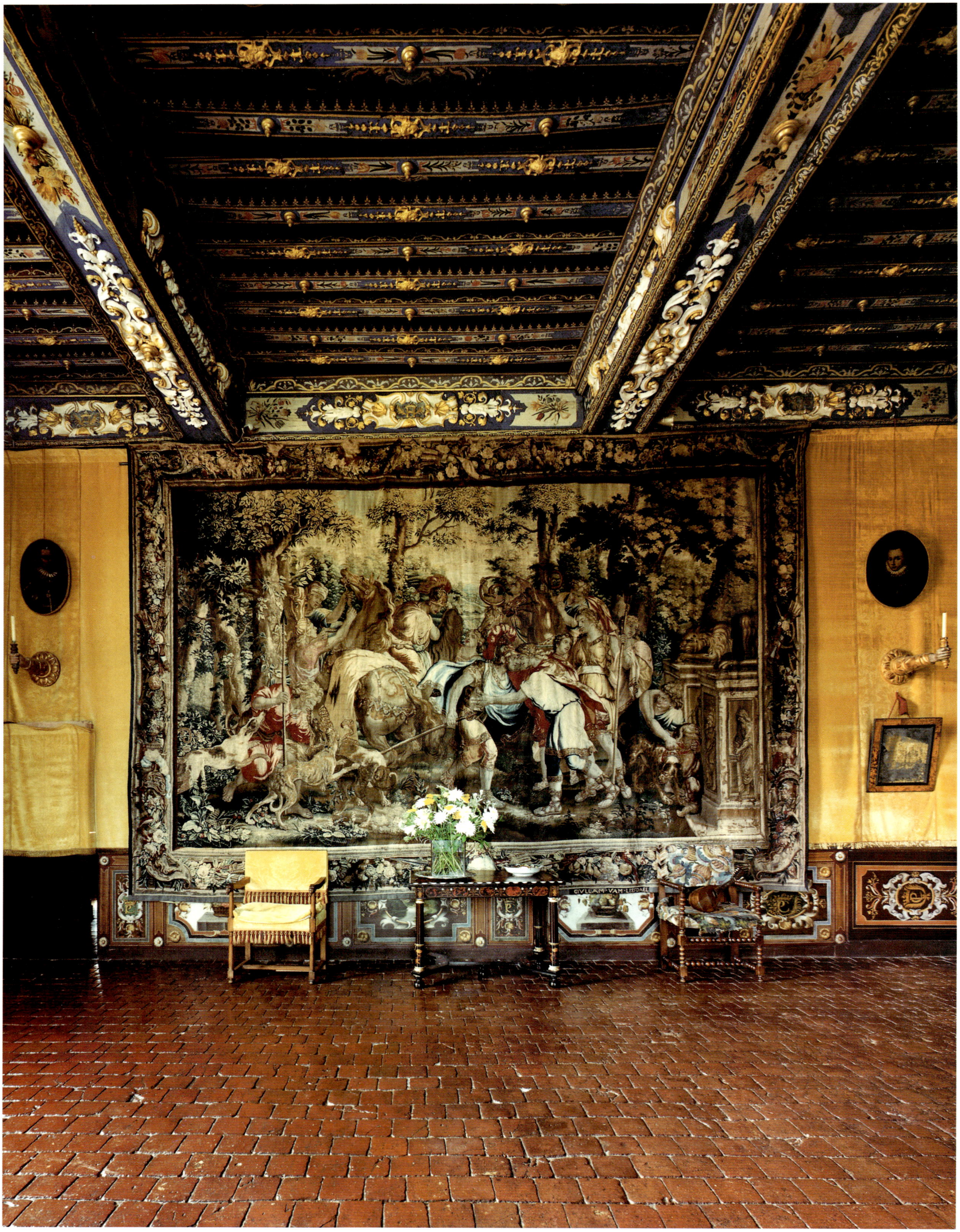

Château de Cormatin 49

50　　Château de Cormatin

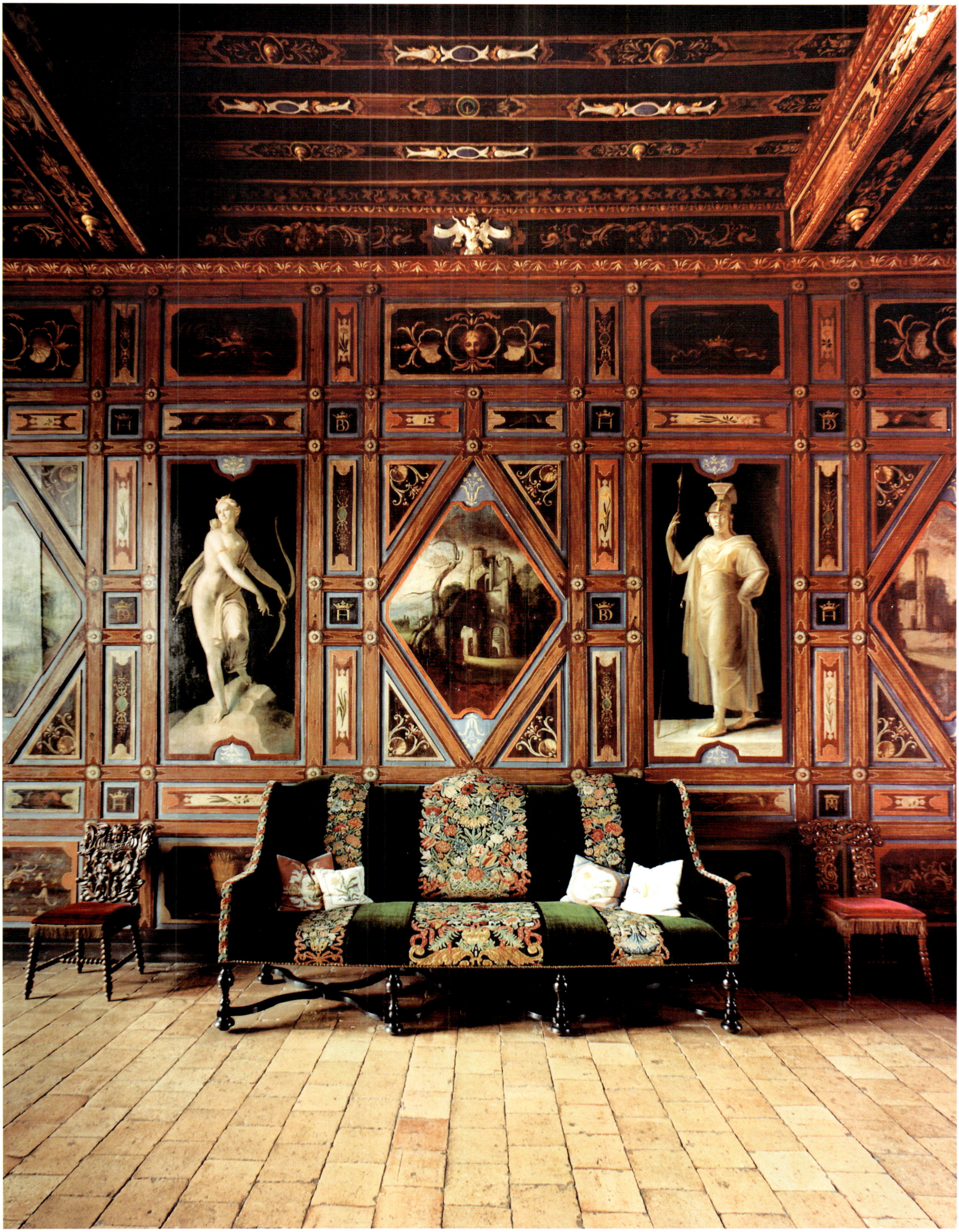

52   Berzé-la-Ville, romanische Kapelle Sts-Vincent-et-Laurent

Berzé-la-Ville, romanische Kapelle Sts-Vincent-et-Laurent

54   Berzé-la-Ville, romanische Kapelle Sts-Vincent-et-Laurent

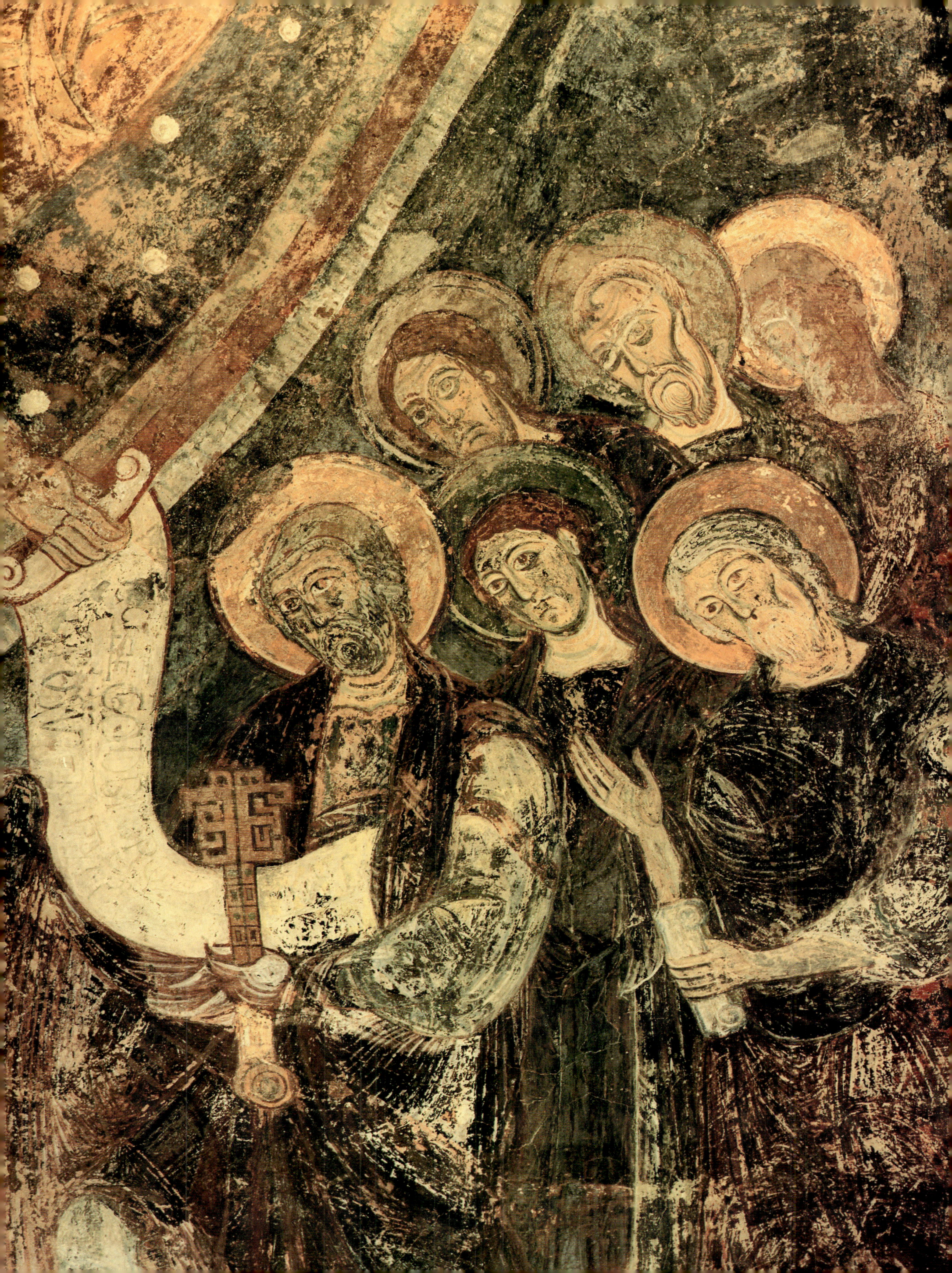

Berzé-la-Ville, romanische Kapelle Sts-Vincent-et-Laurent

Berzé-le-Châtel, Wehrburg

58 Bourg-en-Bresse, ehemalige Stiftskirche der Augustiner-Chorherren im Vorort Brou

Bourg-en-Bresse, ehemalige Stiftskirche der Augustiner-Chorherren im Vorort Brou

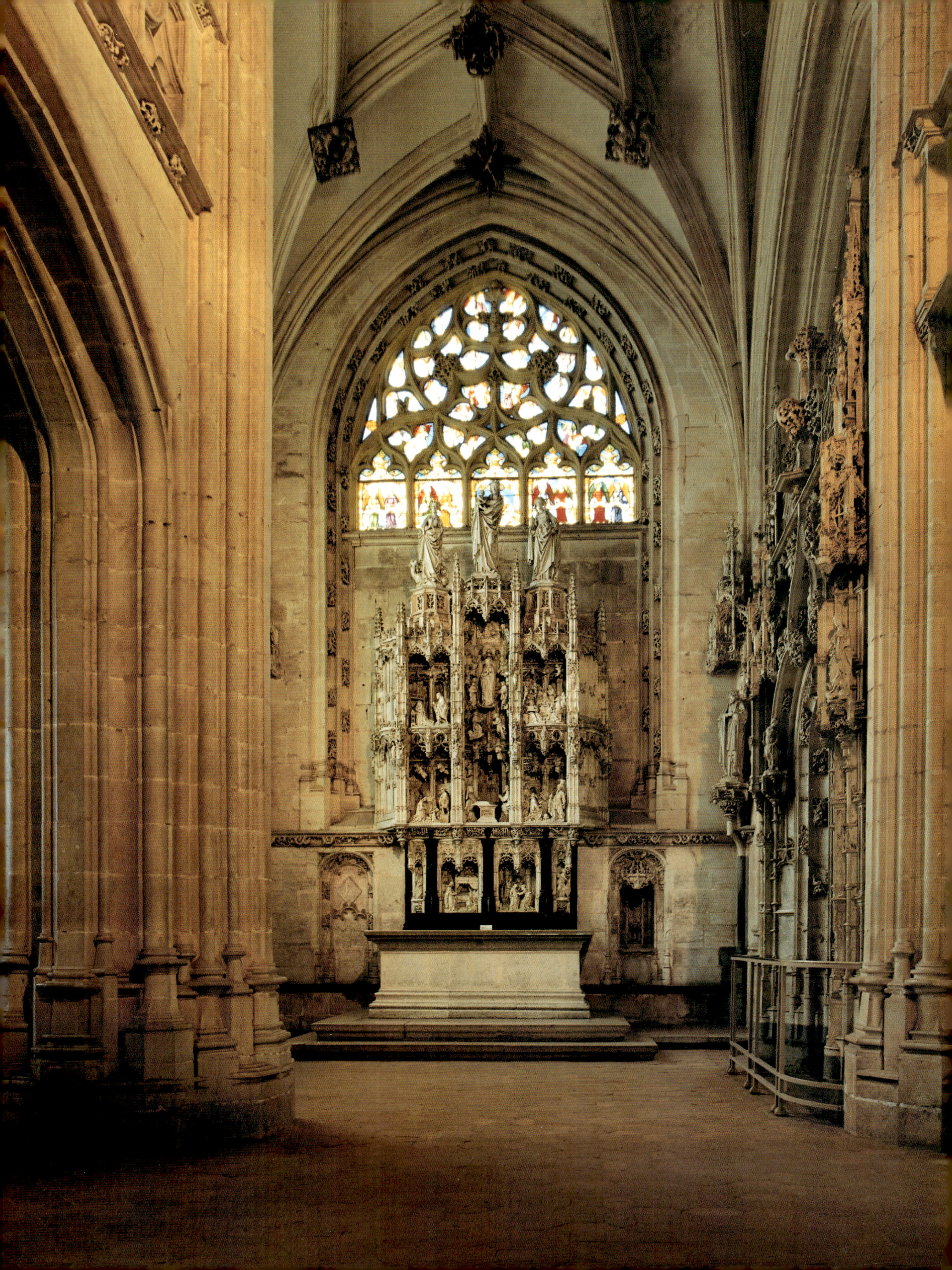

Bourg-en-Bresse, ehemalige Stiftskirche der Augustiner-Chorherren im Vorort Brou 61

62   Bourg-en-Bresse, ehemalige Stiftskirche der Augustiner-Chorherren im Vorort Brou

Bourg-en-Bresse, ehemalige Stiftskirche der Augustiner-Chorherren im Vorort Brou 63

64 Bourg-en-Bresse, ehemalige Stiftskirche der Augustiner-Chorherren im Vorort Brou

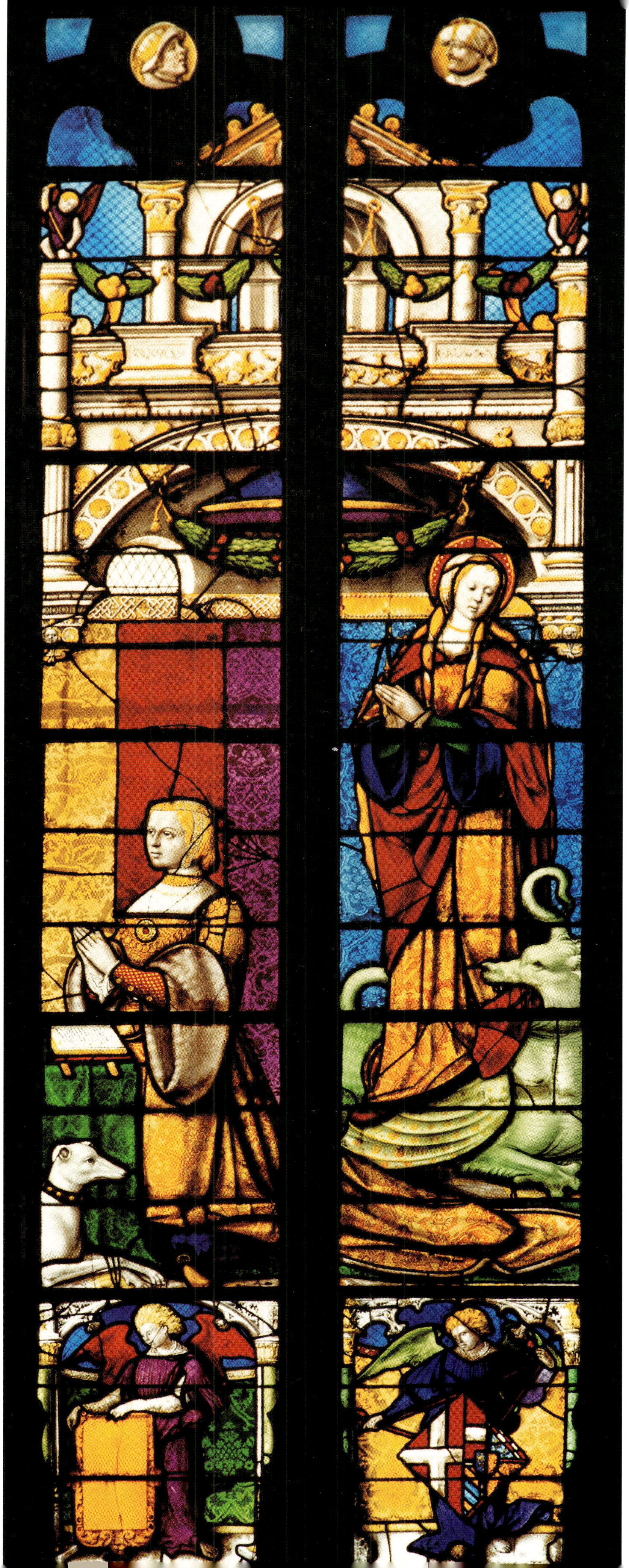

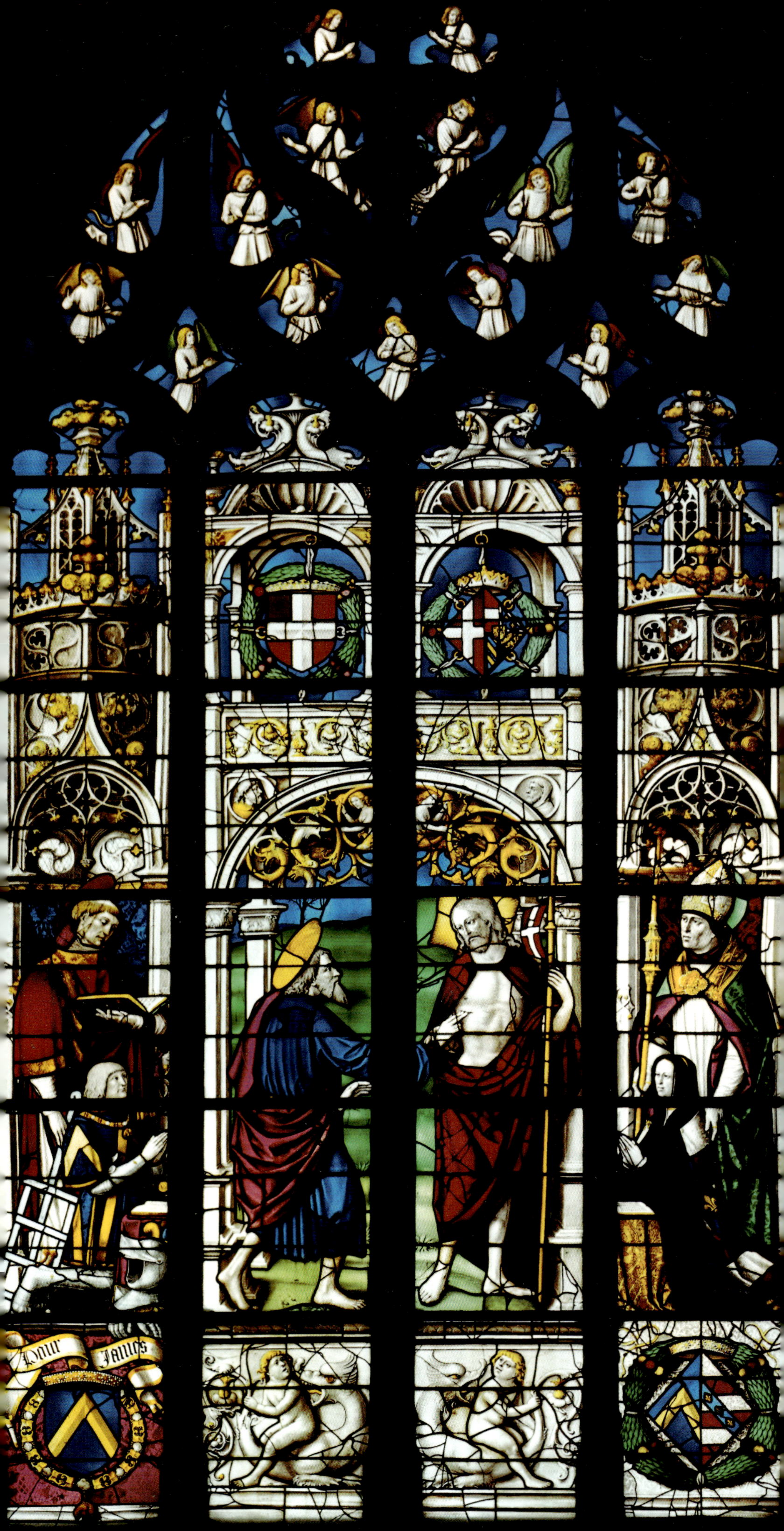
Pour Jamais

Bourg-en-Bresse, ehemalige Stiftskirche der Augustiner-Chorherren im Vorort Brou

68 Malay, romanische Kirche Notre-Dame

Malay, romanische Kirche Notre-Dame

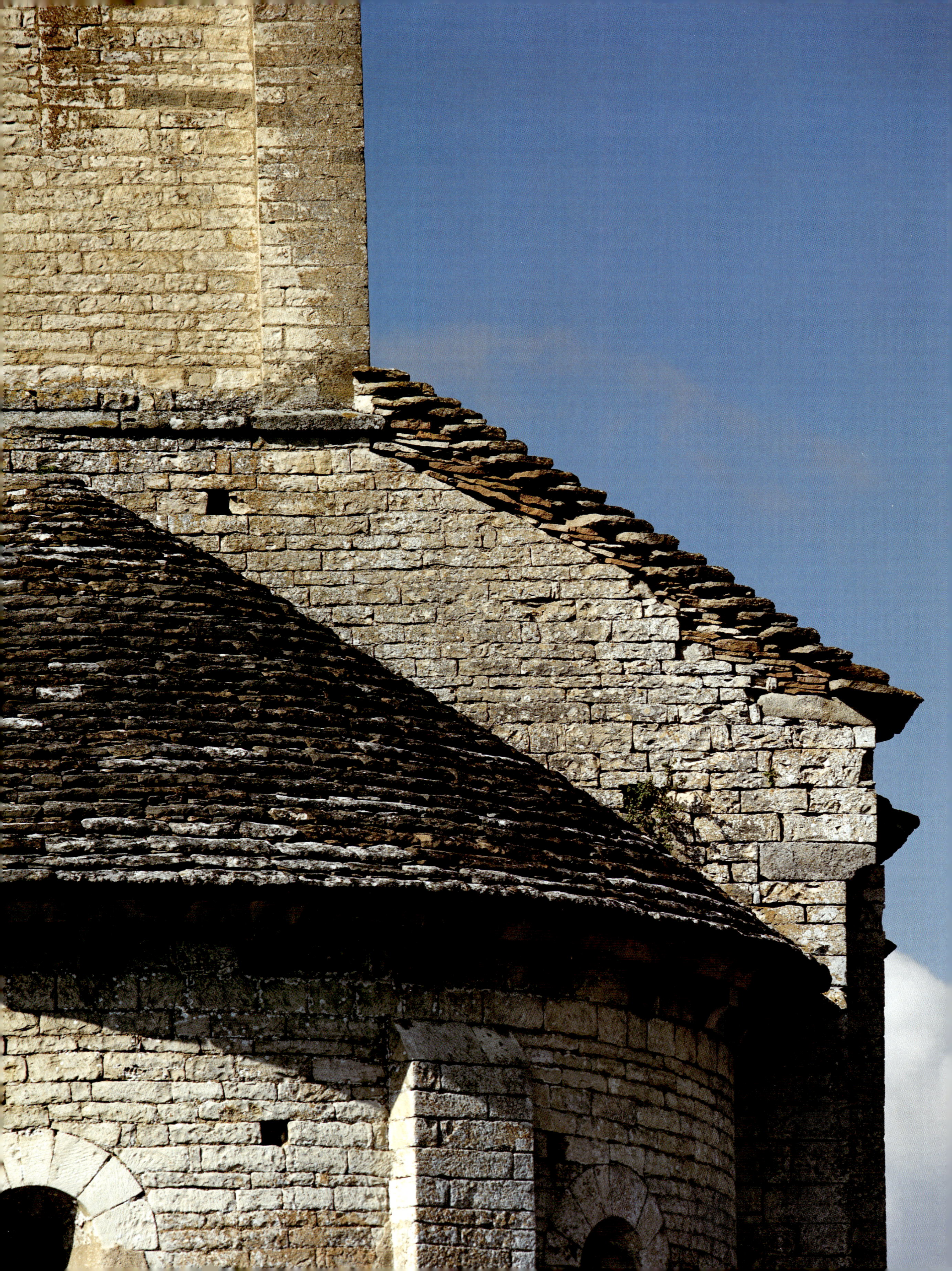

Ougy, ehemalige Prioratskirche

72 Paray-le-Monial, ehemalige Klosterkirche Sacré-Cœur

Paray-le-Monial, ehemalige Klosterkirche Sacré-Cœur

74 Perrecy-les-Forges, romanische Kirche Sts-Pierre-et-Benoît

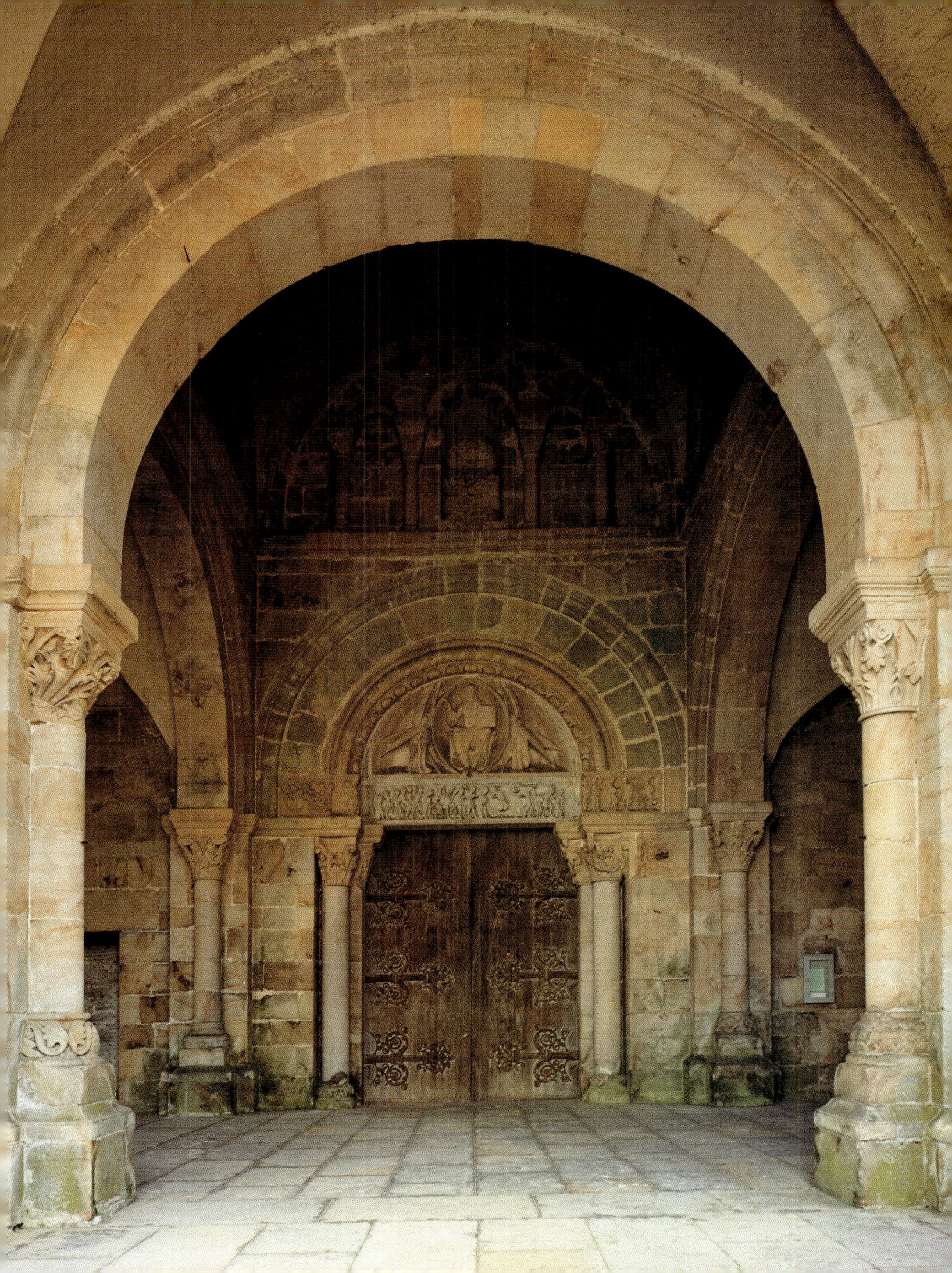

Perrecy-les-Forges, romanische Kirche Sts-Pierre-et-Benoît

Perrecy-les-Forges, romanische Kirche Sts-Pierre-et-Benoît

Gourdon, romanische Kirche Notre-Dame

Gourdon, romanische Kirche Notre-Dame

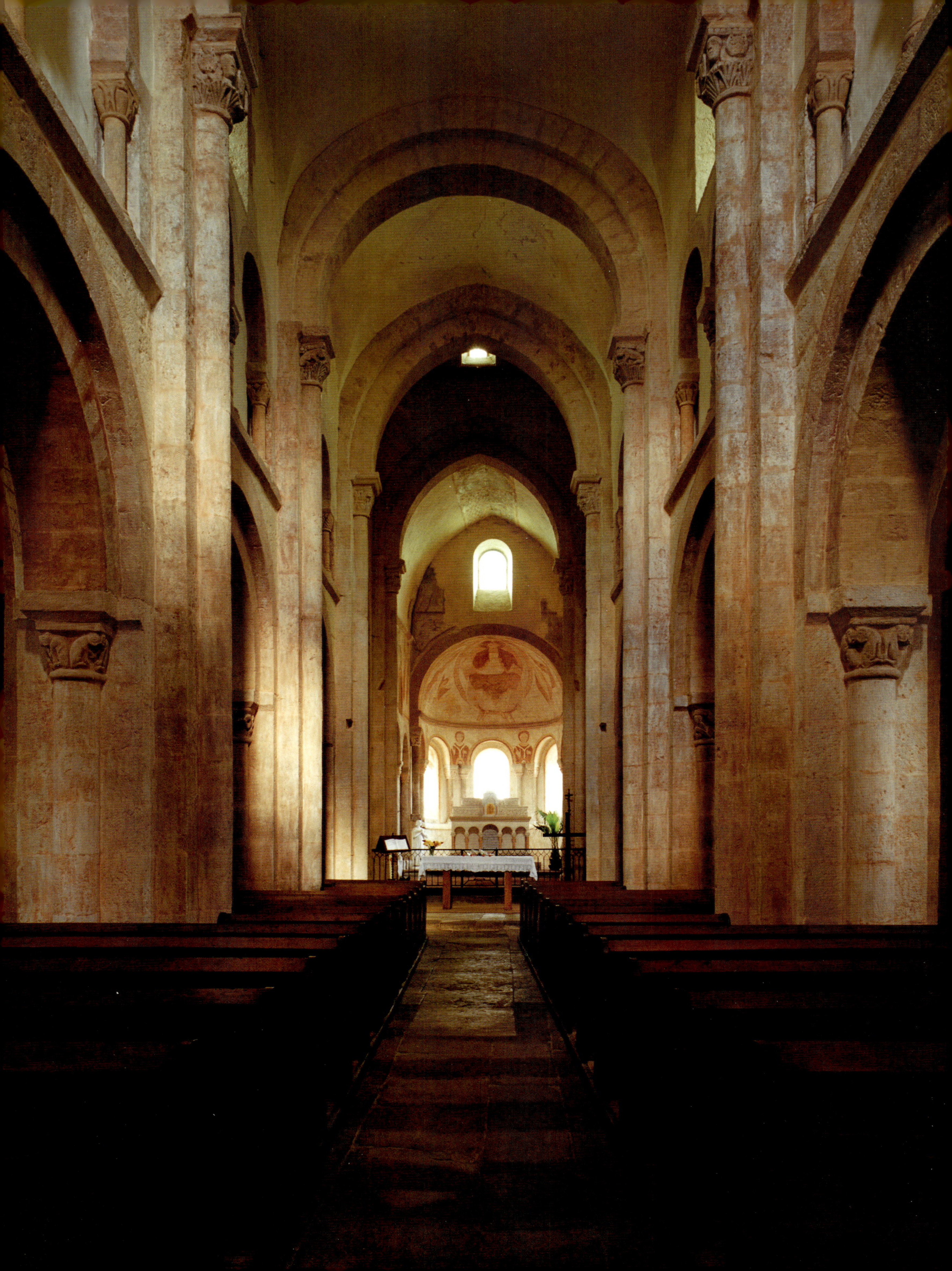

Gourdon, romanische Kirche Notre-Dame

Château de la Clayette

Château de la Clayette

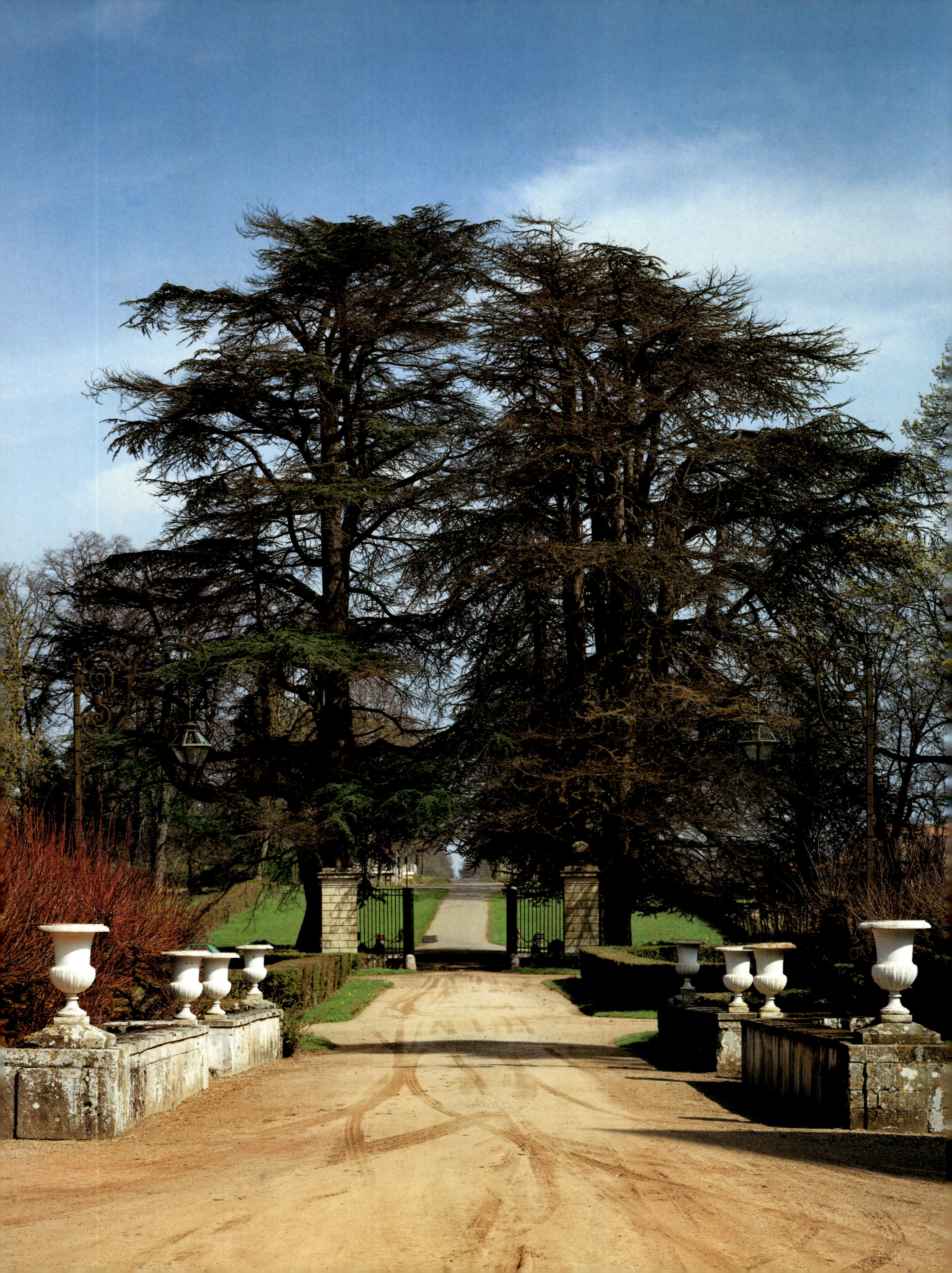

Château de Drée

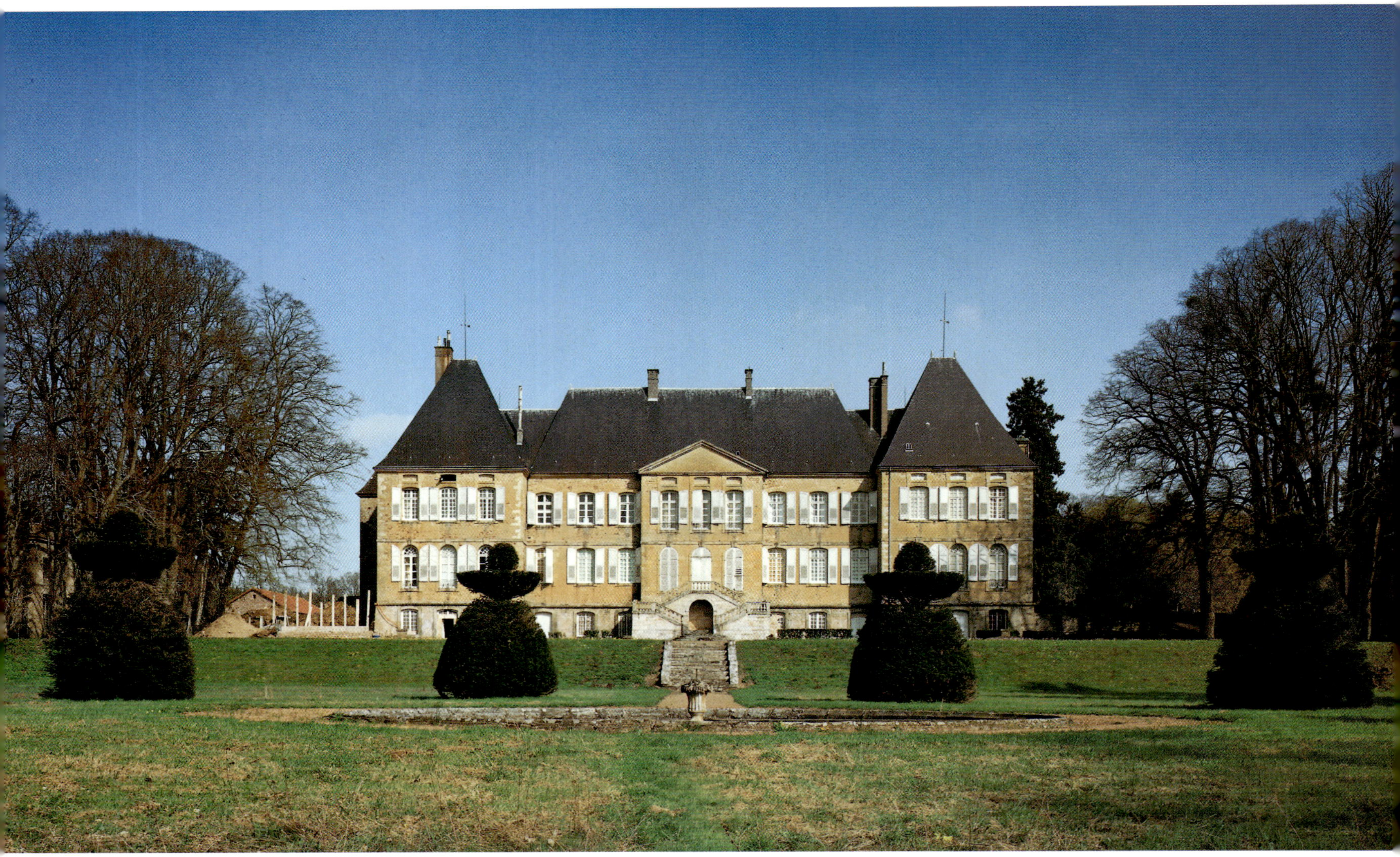

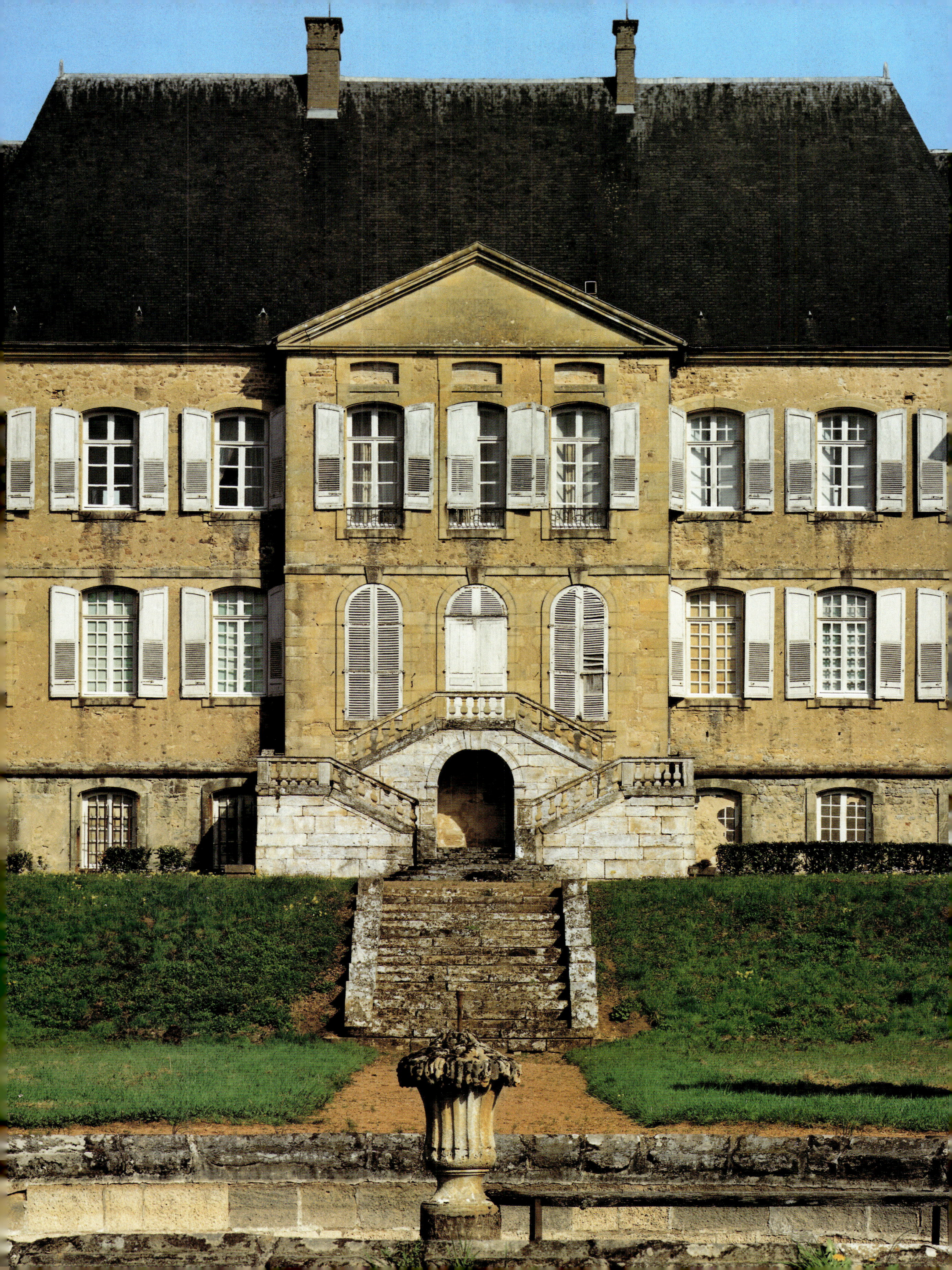

Château de Rambuteau

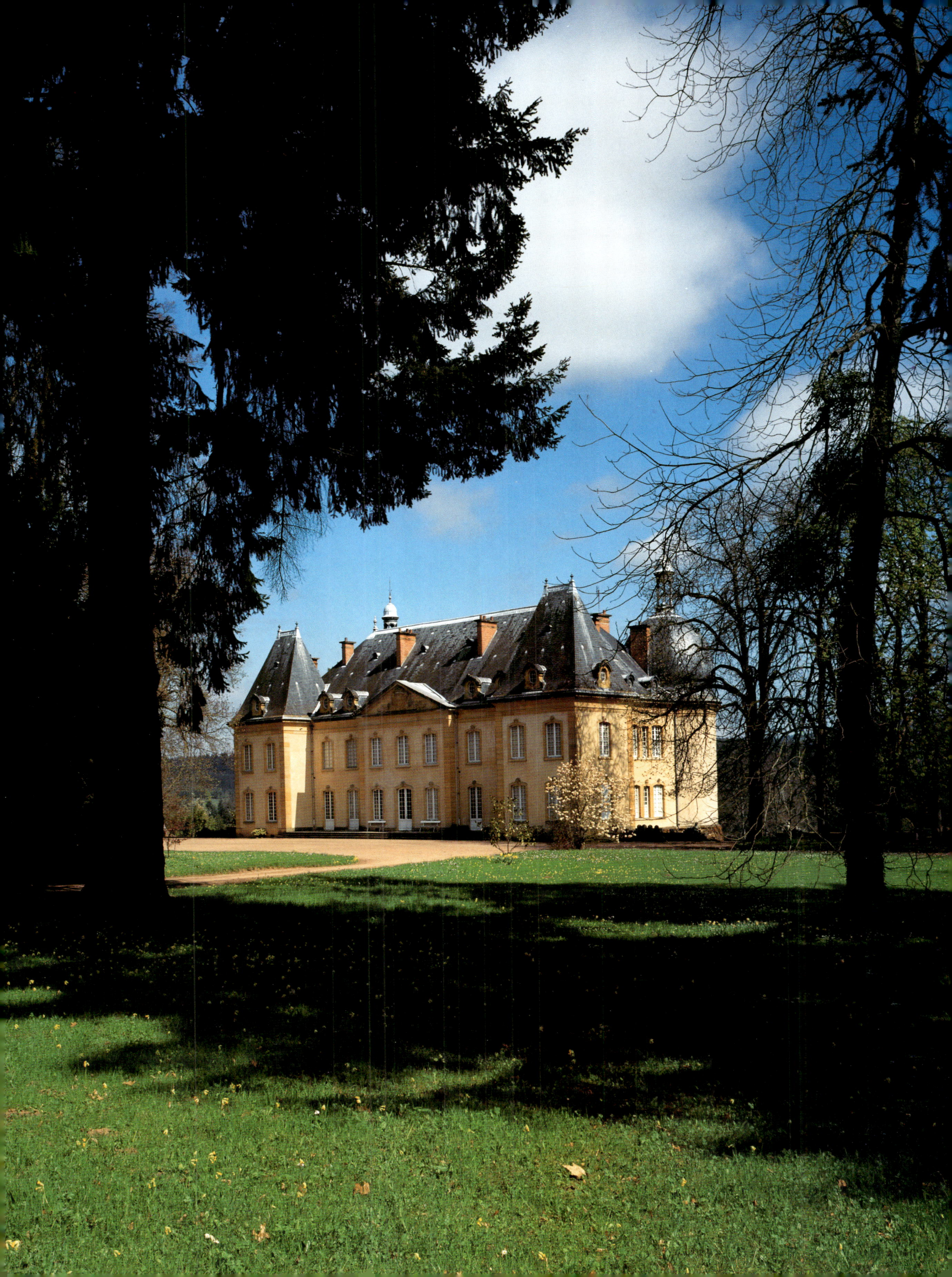

Bois-Ste-Marie, romanische Kirche Notre-Dame

Bois-Ste-Marie, romanische Kirche Notre-Dame

Bois-Ste-Marie, romanische Kirche
Notre-Dame

Rechts: St-Bonnet-de-Cray,
romanische Kirche

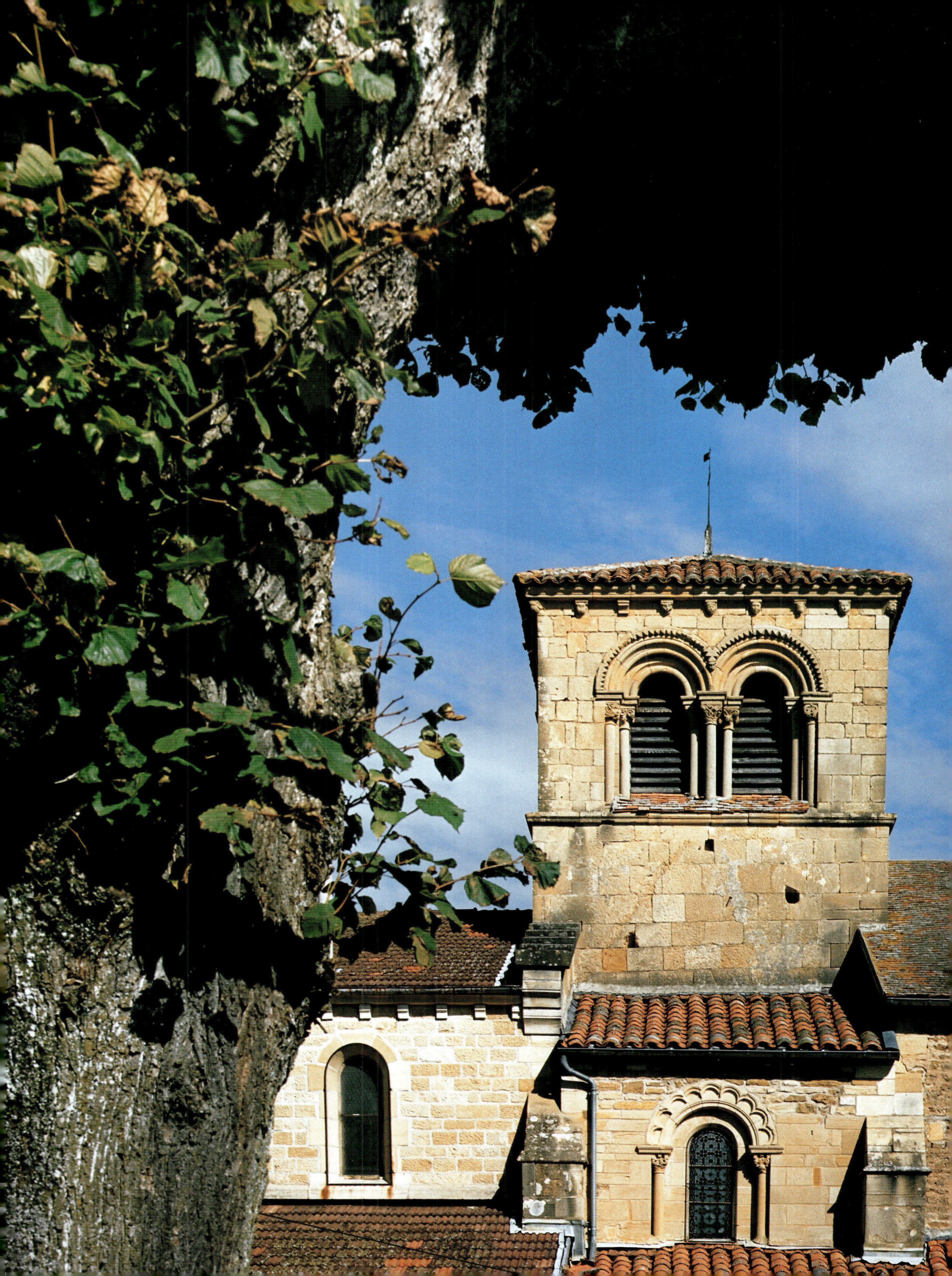

Anzy-le-Duc, ehemalige Prioratskirche Ste-Trinité, Ste-Croix-et-Ste-Marie

Anzy-le-Duc, ehemalige Prioratskirche Ste-Trinité, Ste-Croix-et-Ste-Marie

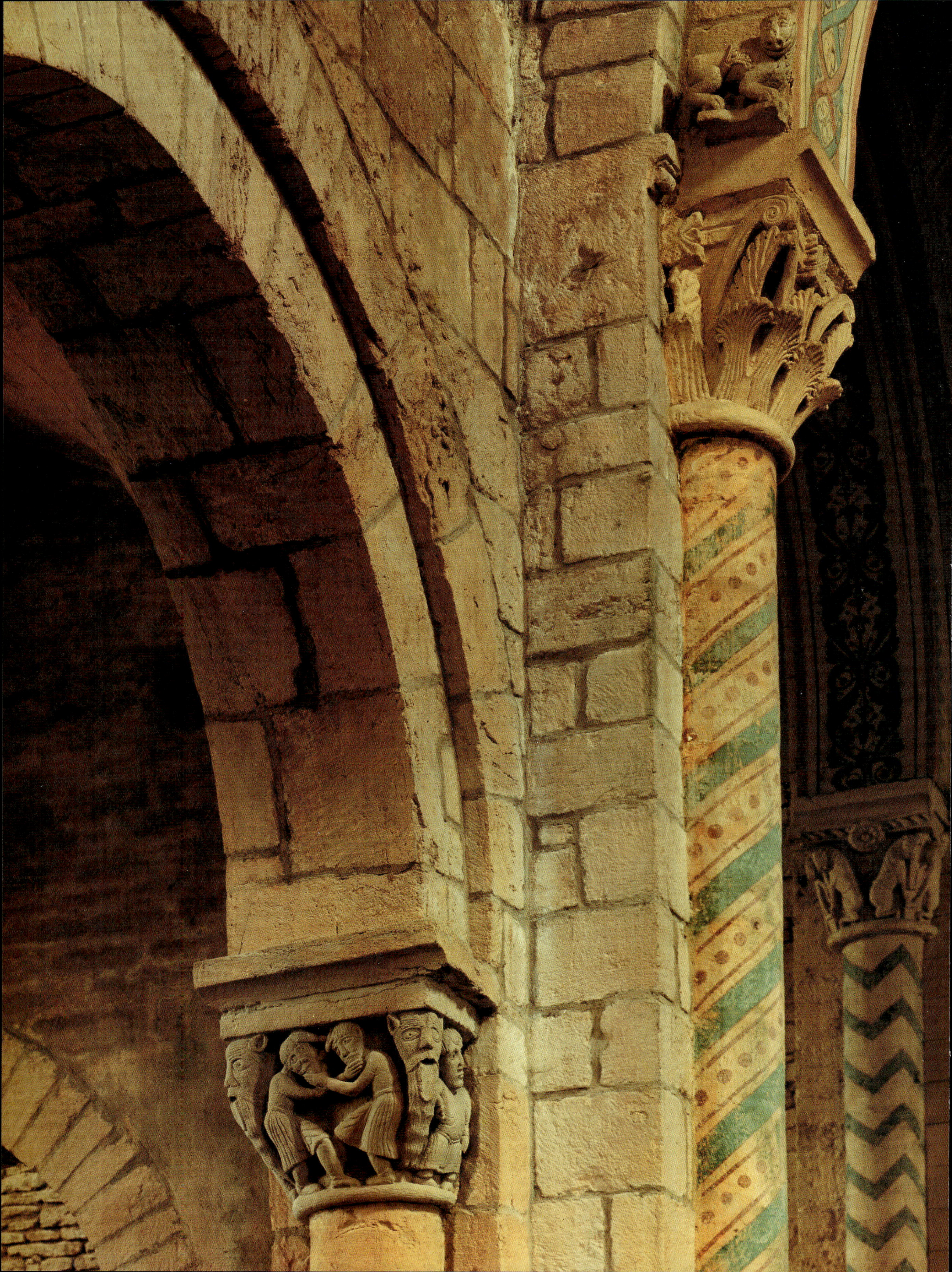

Anzy-le-Duc, ehemalige Prioratskirche Ste-Trinité, Ste-Croix-et-Ste-Marie

Semur-en-Brionnais, ehemalige Prioratskirche St-Hilaire

Semur-en-Brionnais, ehemalige Prioratskirche St-Hilaire

Semur-en-Brionnais, ehemalige Prioratskirche St-Hilaire

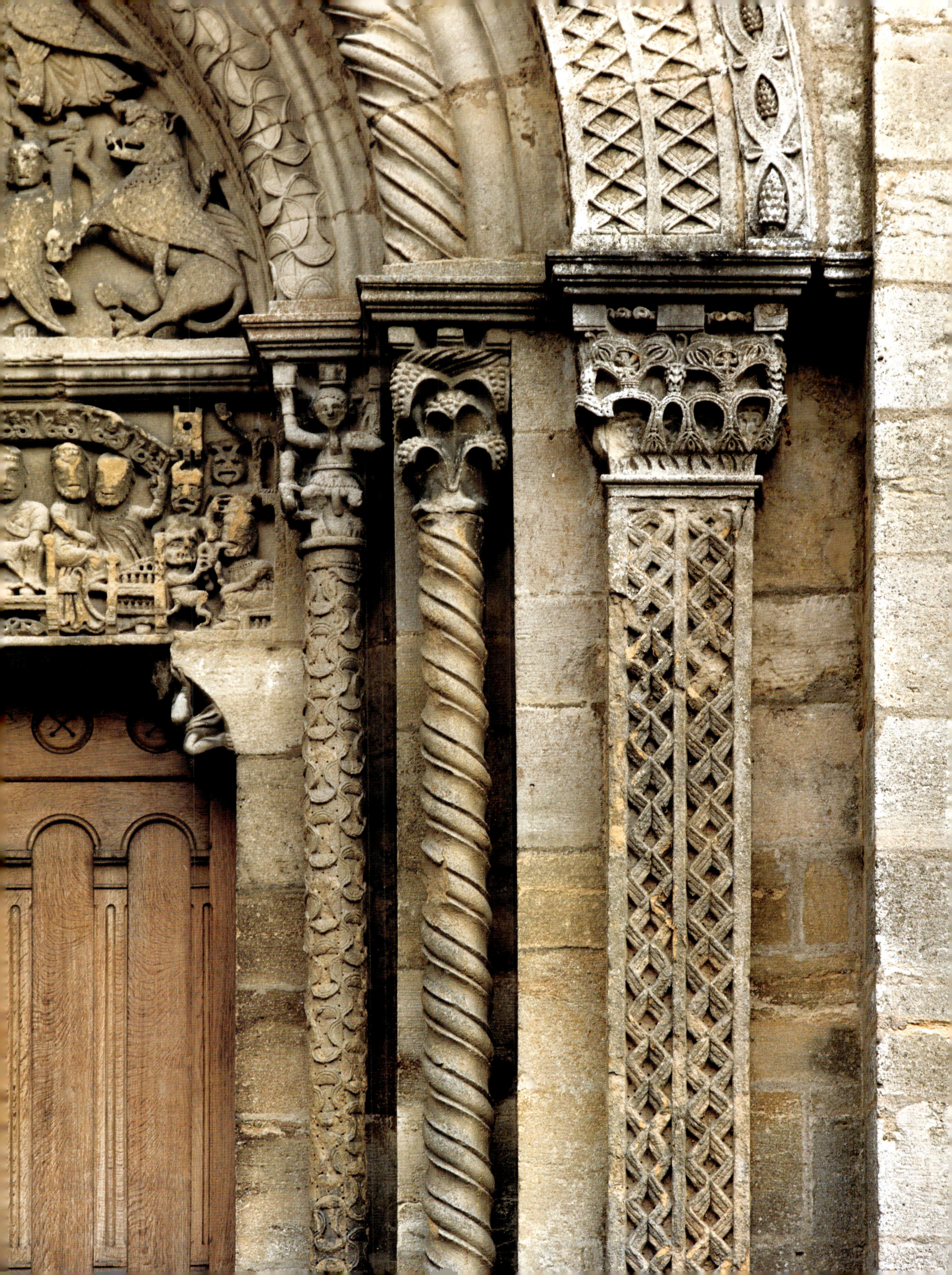

102 Semur-en-Brionnais, ehemalige Prioratskirche St-Hilaire

Iguerande, romanische Kirche St-André

104 Iguerande, romanische Kirche St-André

Iguerande, romanische Kirche St-André

106 Charlieu, ehemalige Prioratskirche St-Fortunat

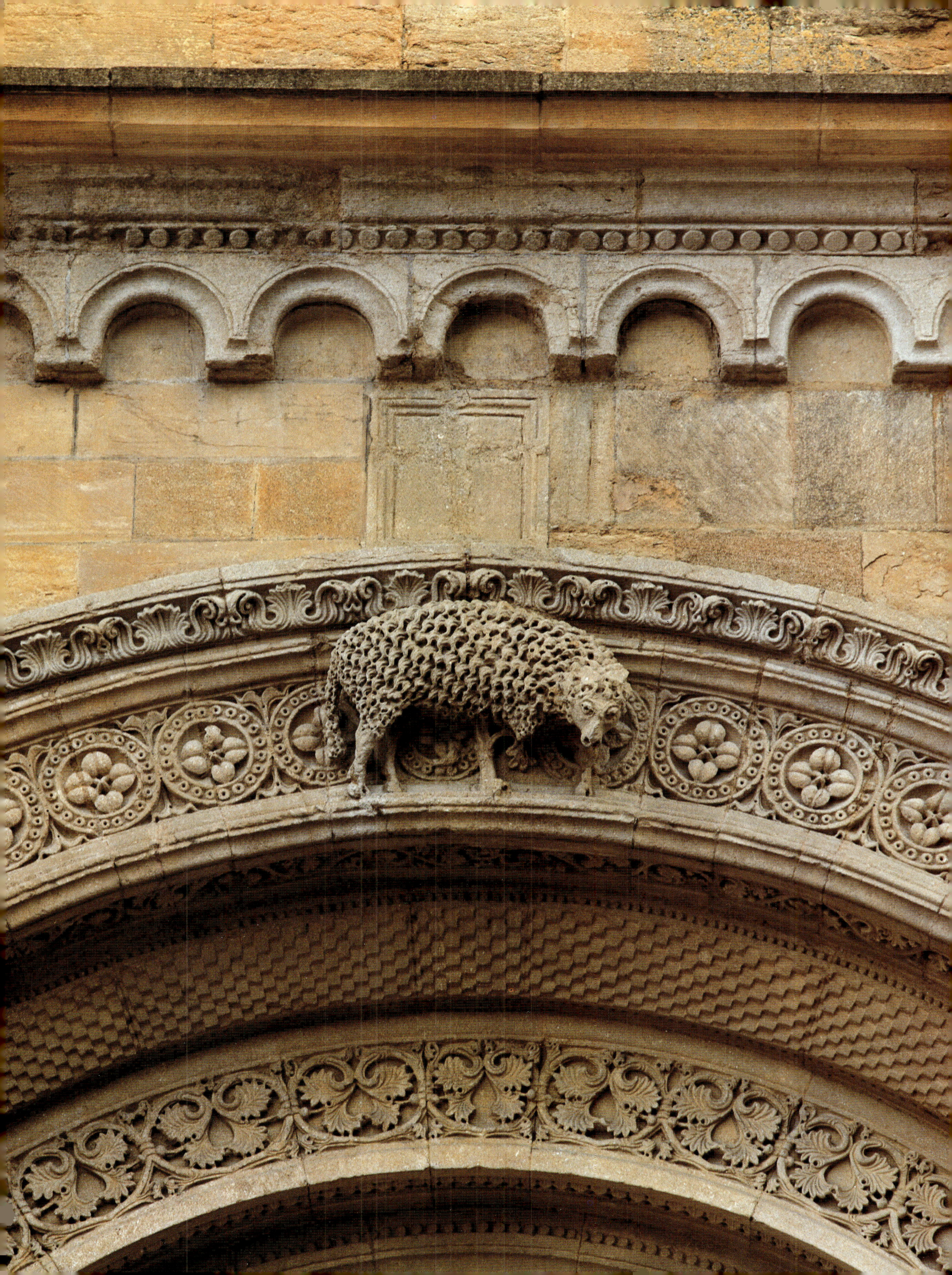

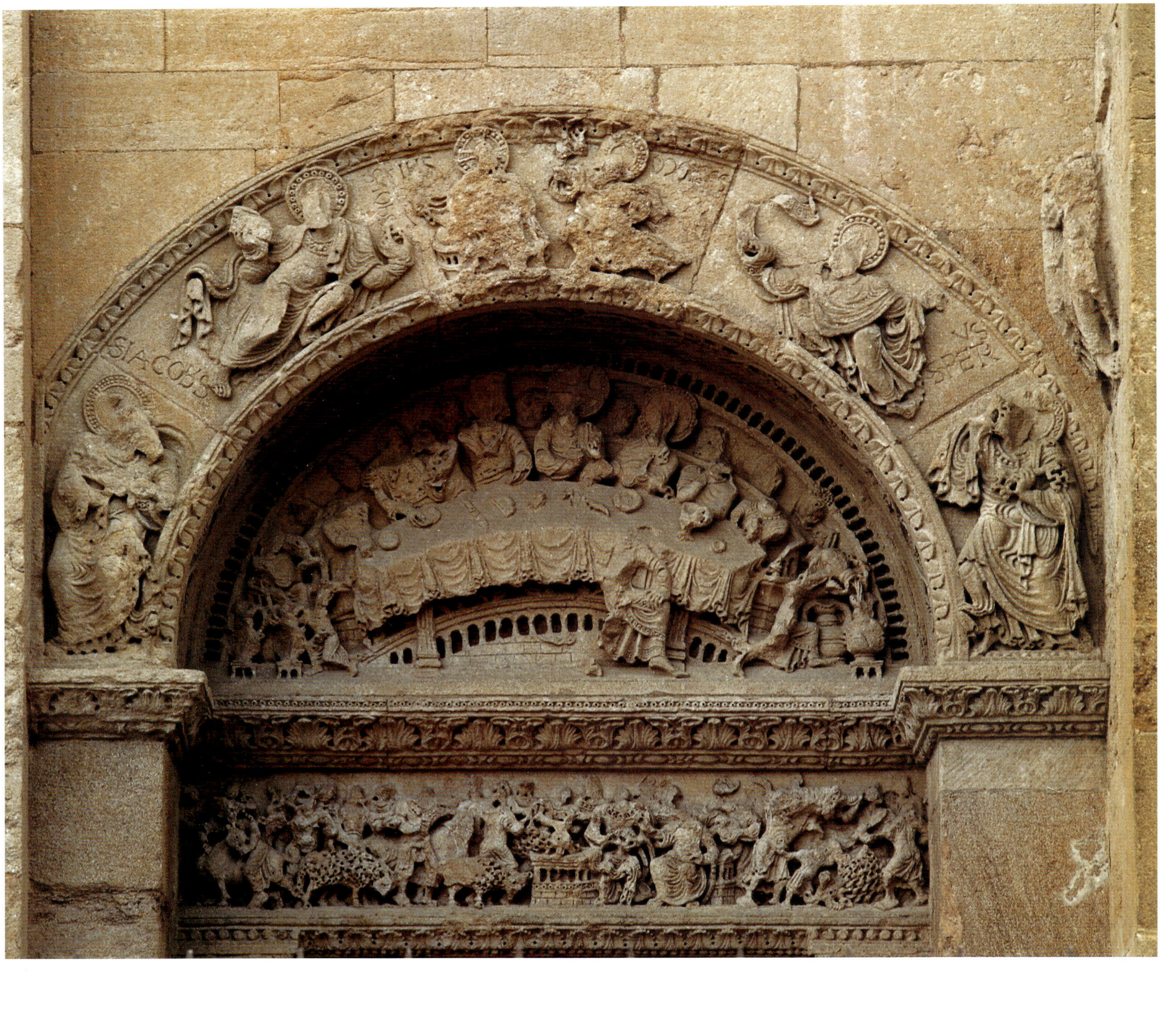

 Charlieu, ehemalige Prioratskirche St-Fortunat

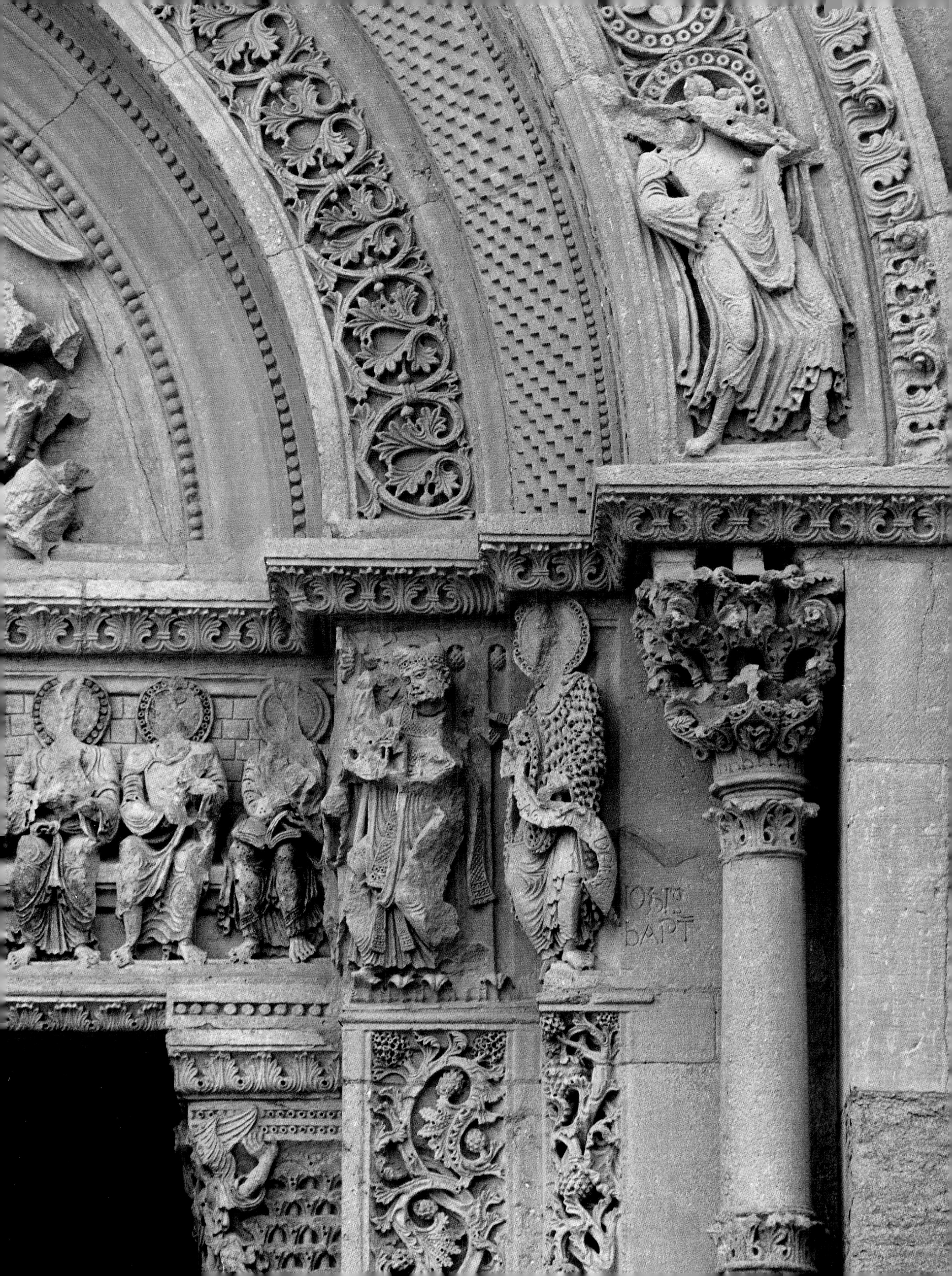
BAPT

110 Charlieu, ehemalige Prioratskirche St-Fortunat

Charlieu, ehemalige Prioratskirche St-Fortunat

112 Charlieu, ehemaliges Franziskaner-Kloster

Nevers, frühromanische Kirche St-Etienne

118 Nevers, frühromanische Kirche St-Etienne

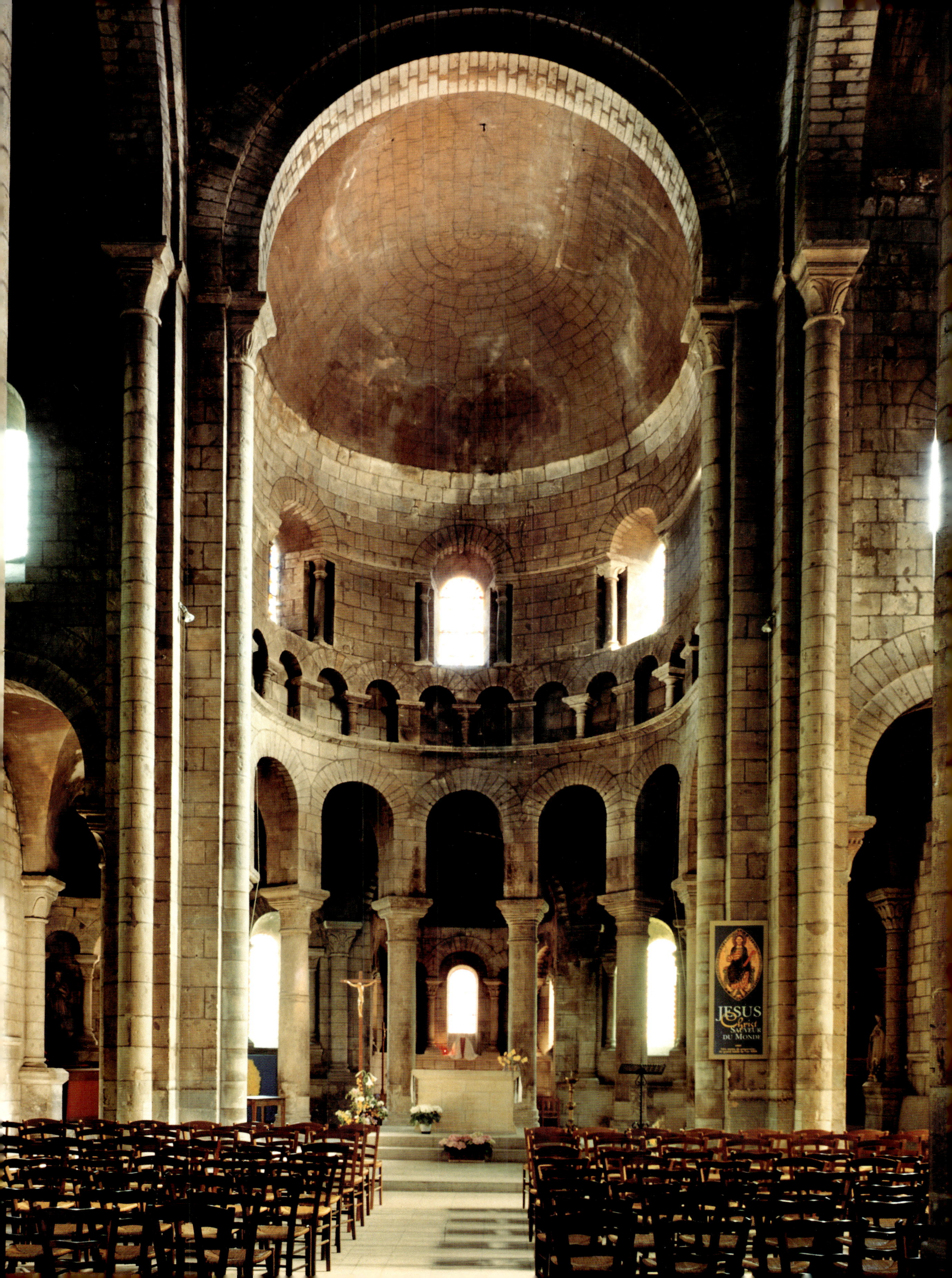
JESUS
Christ
SAUVEUR
DU MONDE

120 Jailly, ehemalige Prioratskirche

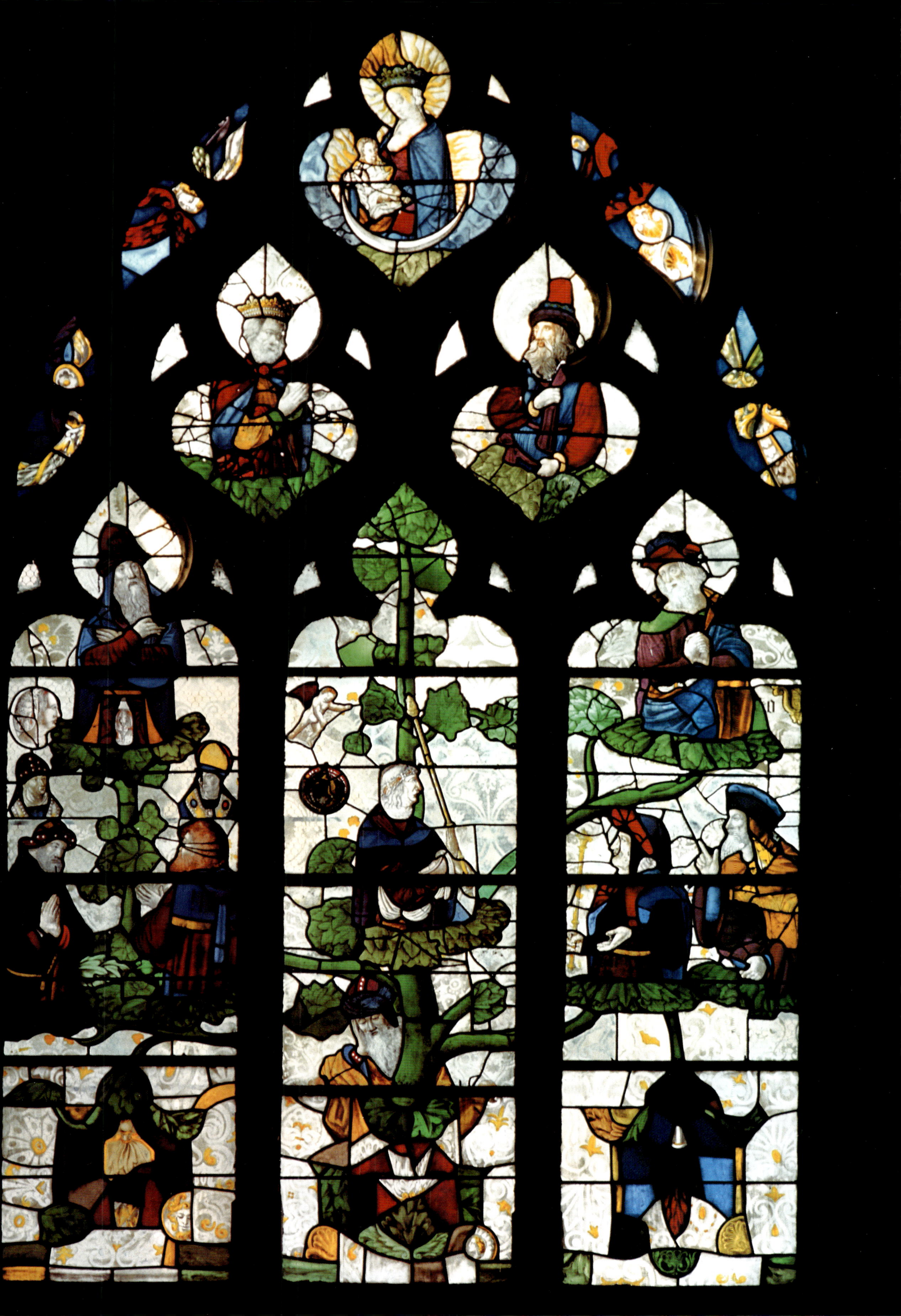

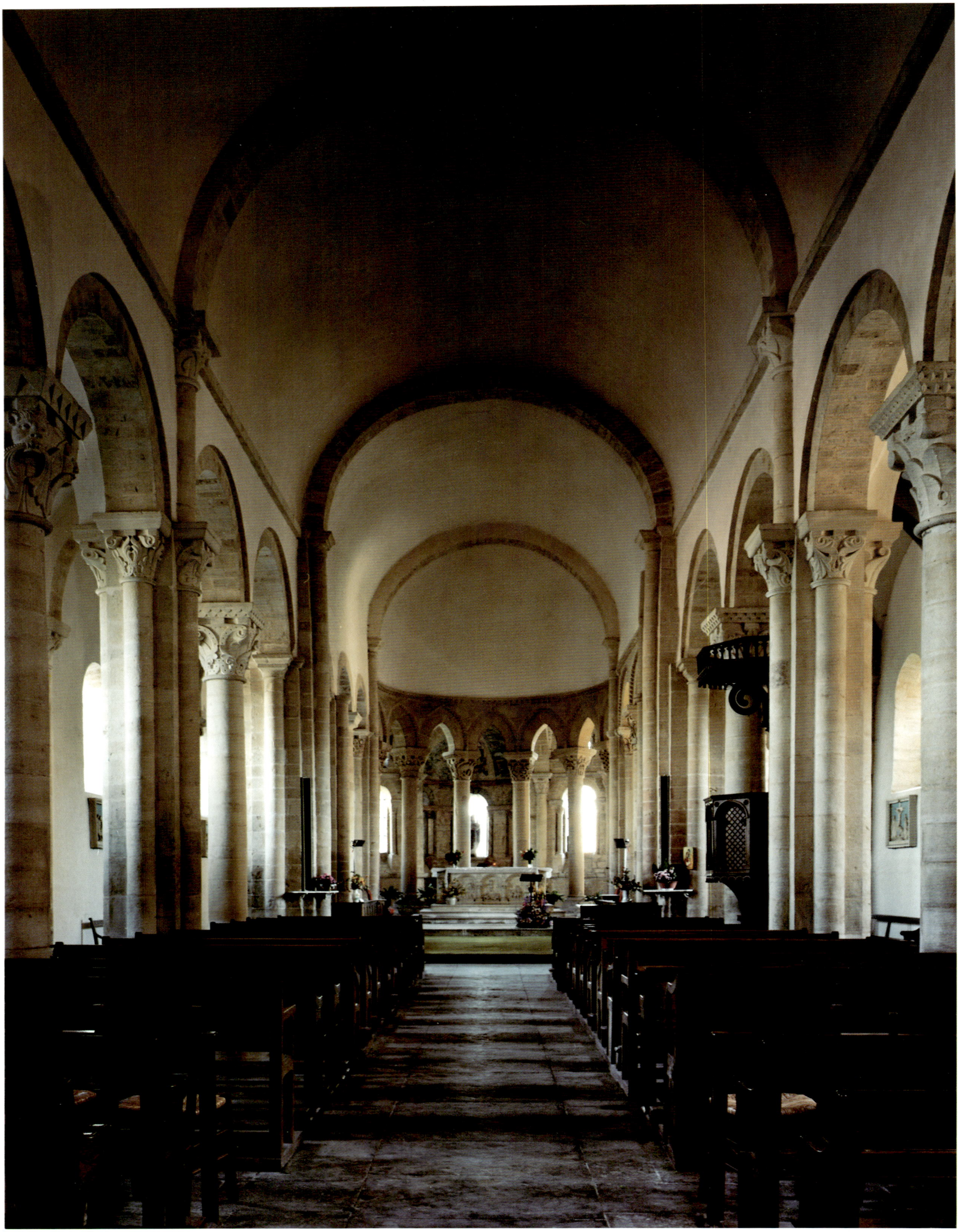

 St-Révérien, ehemalige Prioratskirche

St-Révérien, ehemalige Prioratskirche

124   St-Révérien, ehemalige Prioratskirche

St-Révérien, ehemalige Prioratskirche

Autun, Kathedrale St-Lazare

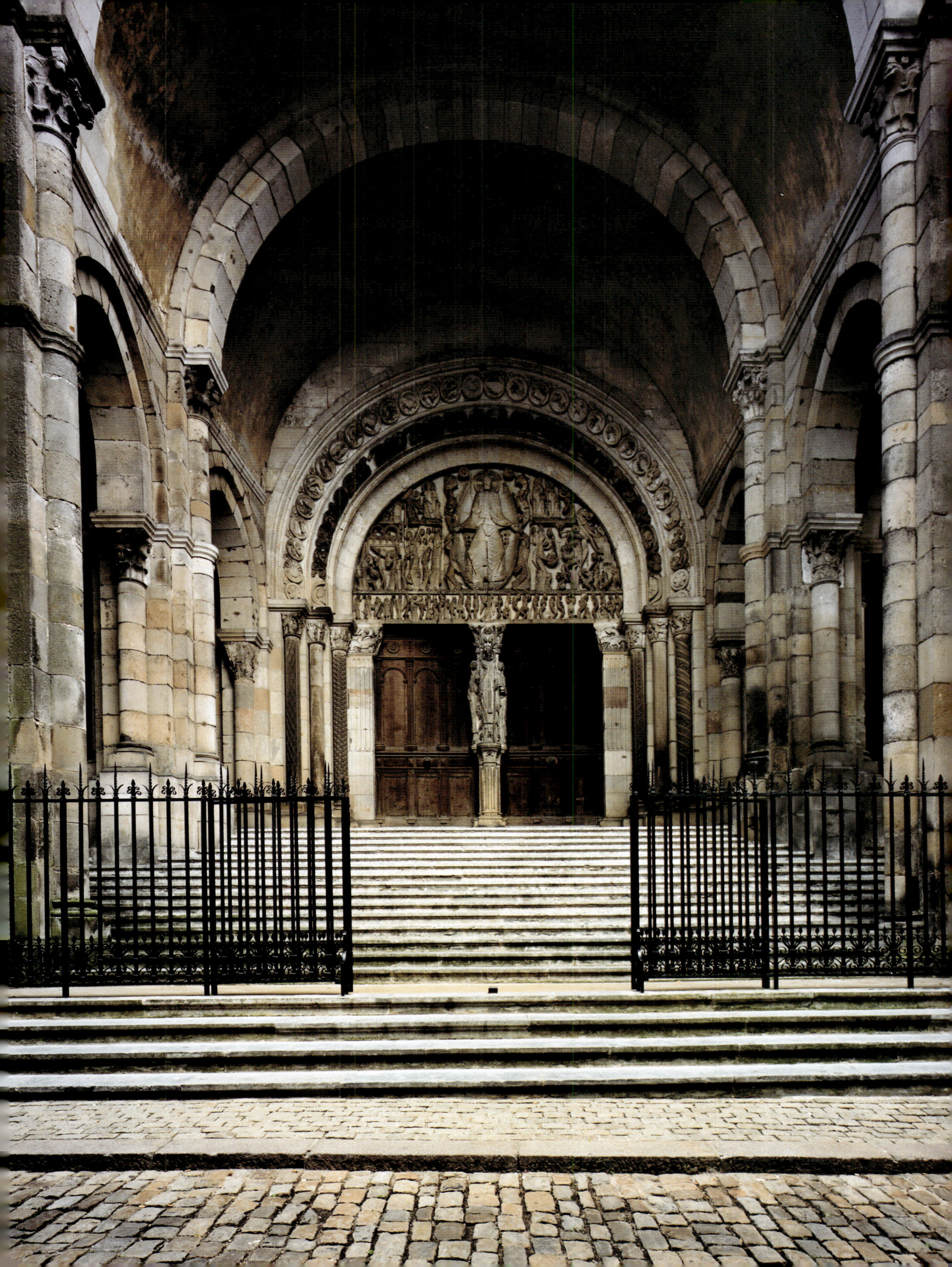

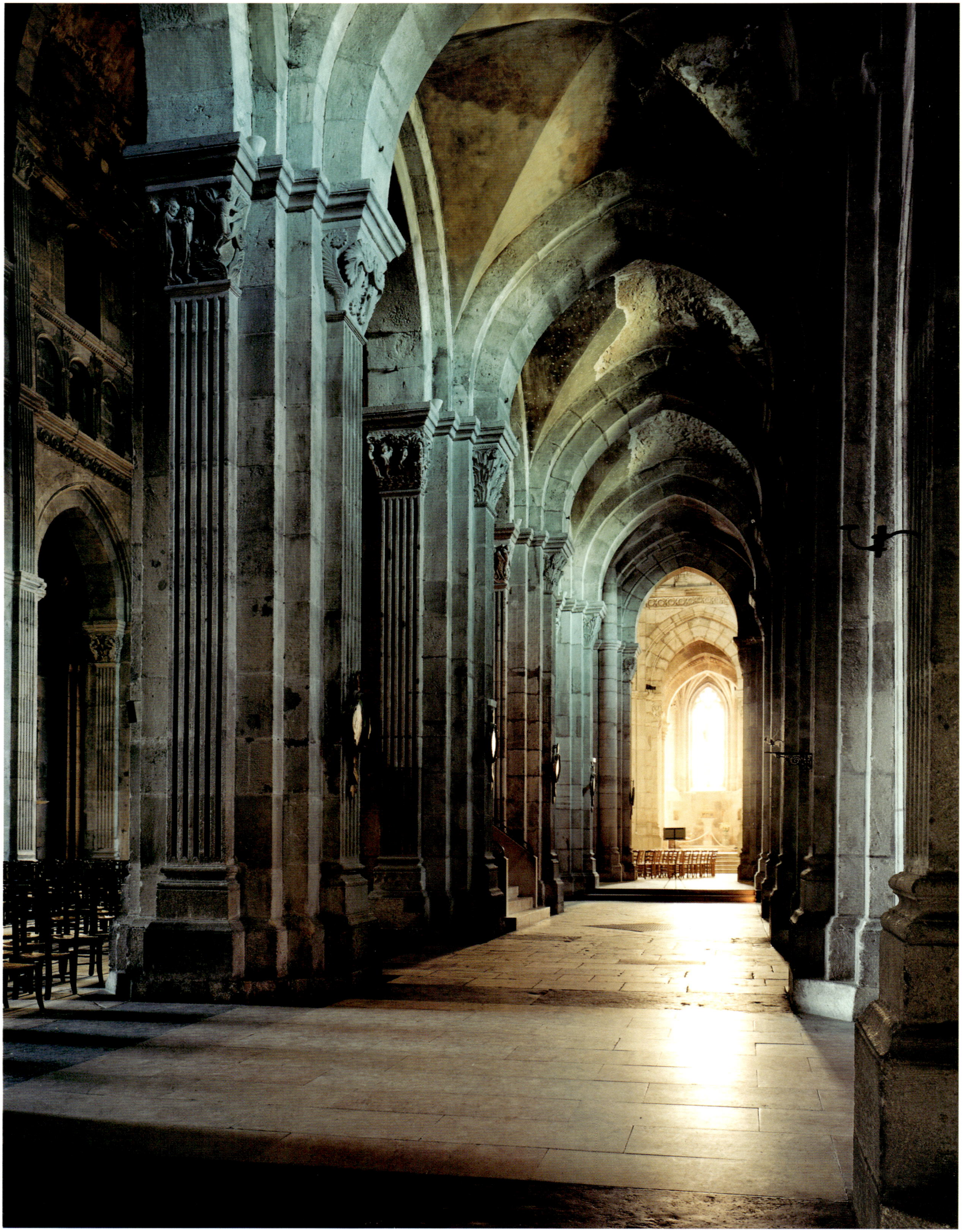

 Autun, Kathedrale St-Lazare

Autun, Kathedrale St-Lazare

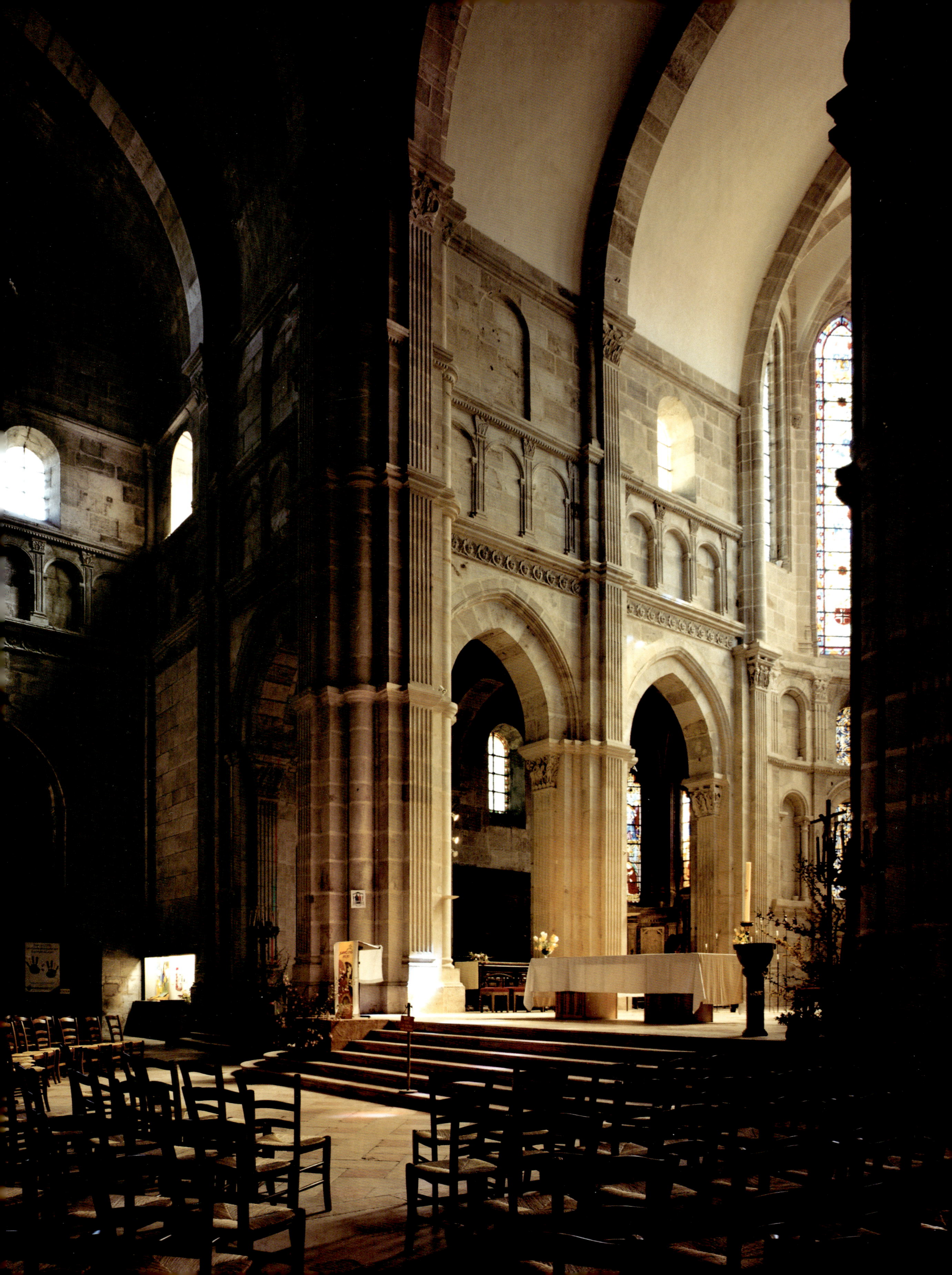

Autun, Kathedrale St-Lazare

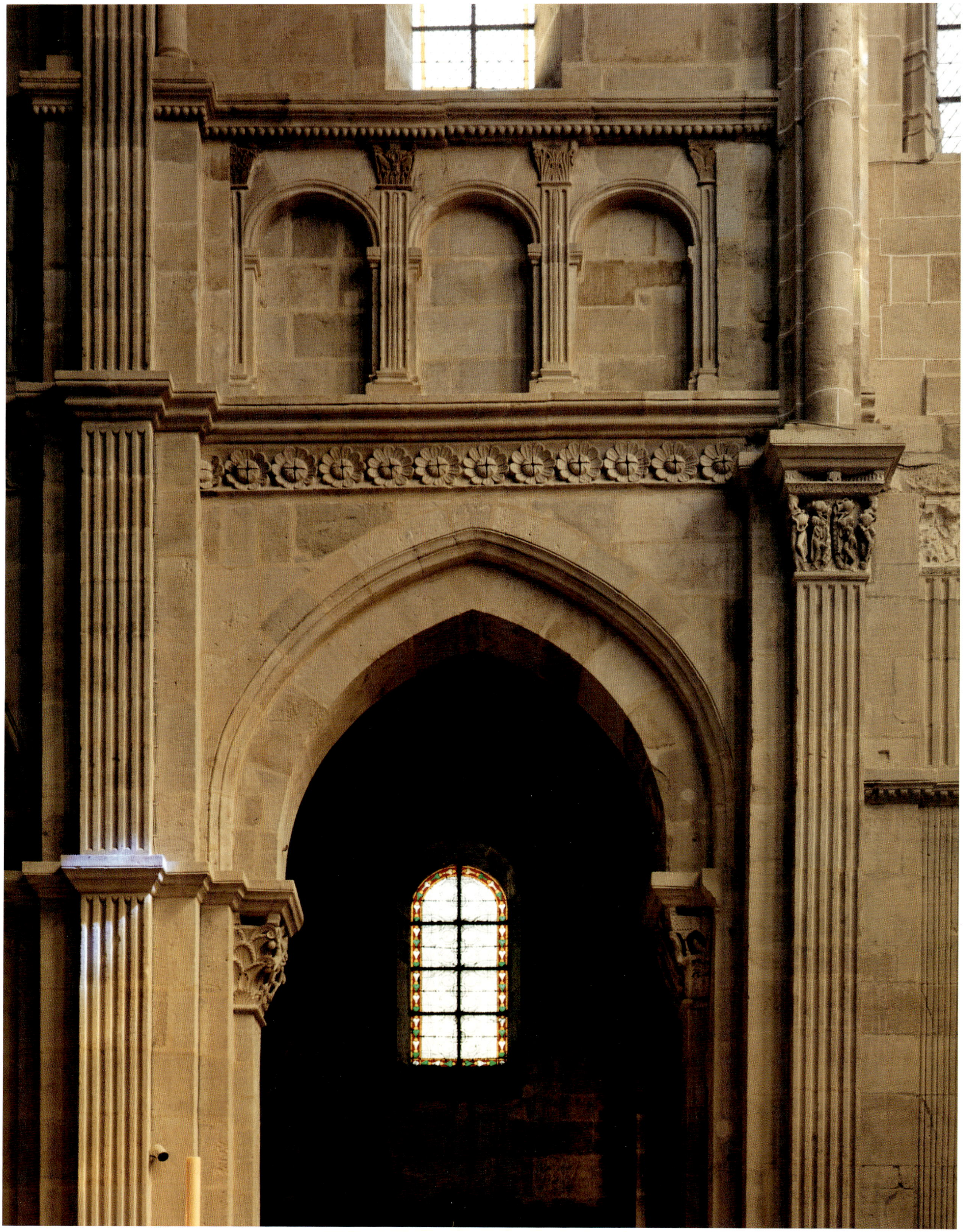

 Autun, Kathedrale St-Lazare

Autun, Kathedrale St-Lazare

134 Autun, Kathedrale St-Lazare, Kapitelle in der Salle capitulaire

Autun, Kathedrale St-Lazare, Kapitell in der Salle capitulaire

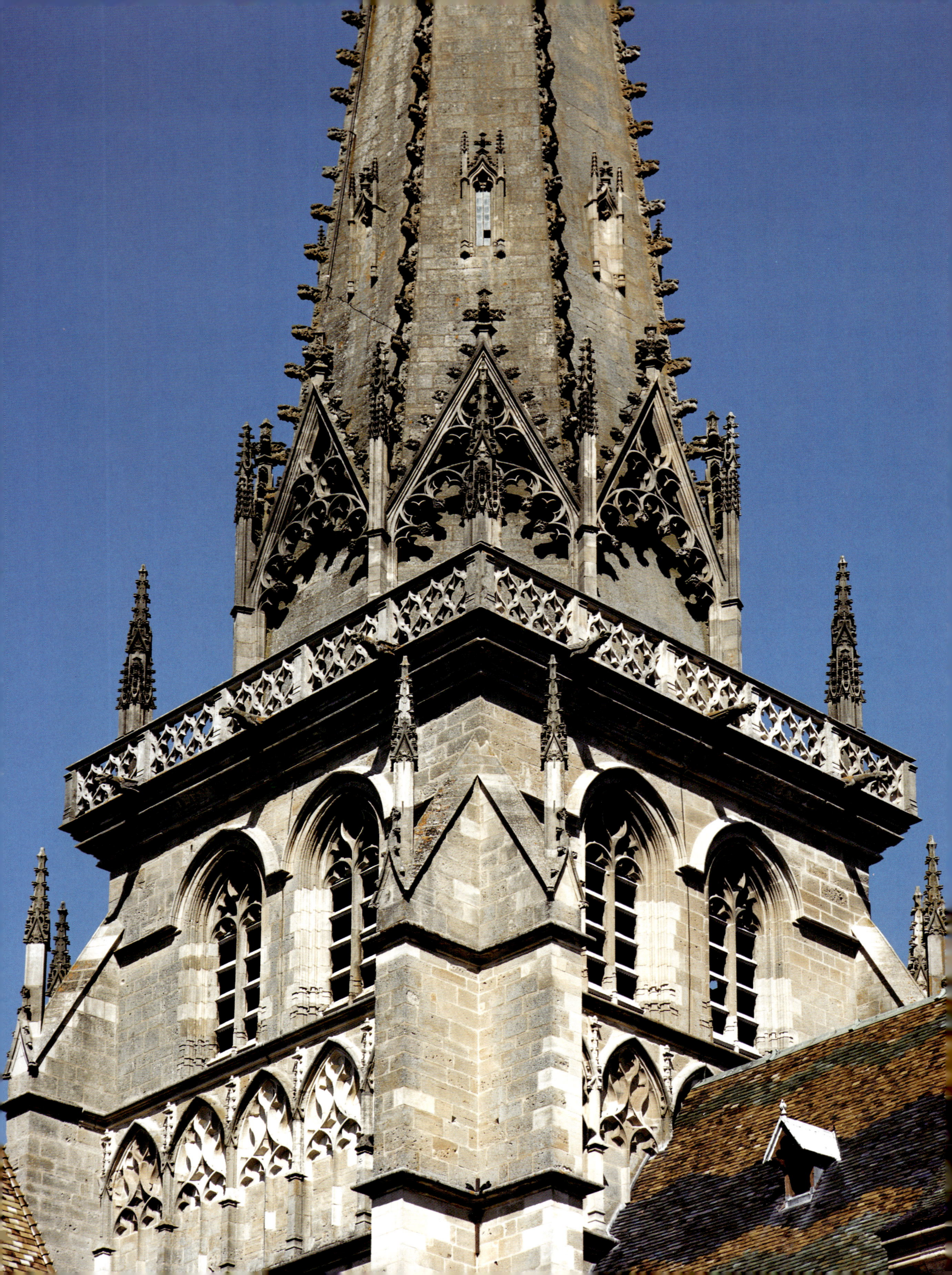

Autun, Kathedrale St-Lazare

Château de Sully

Château de Sully

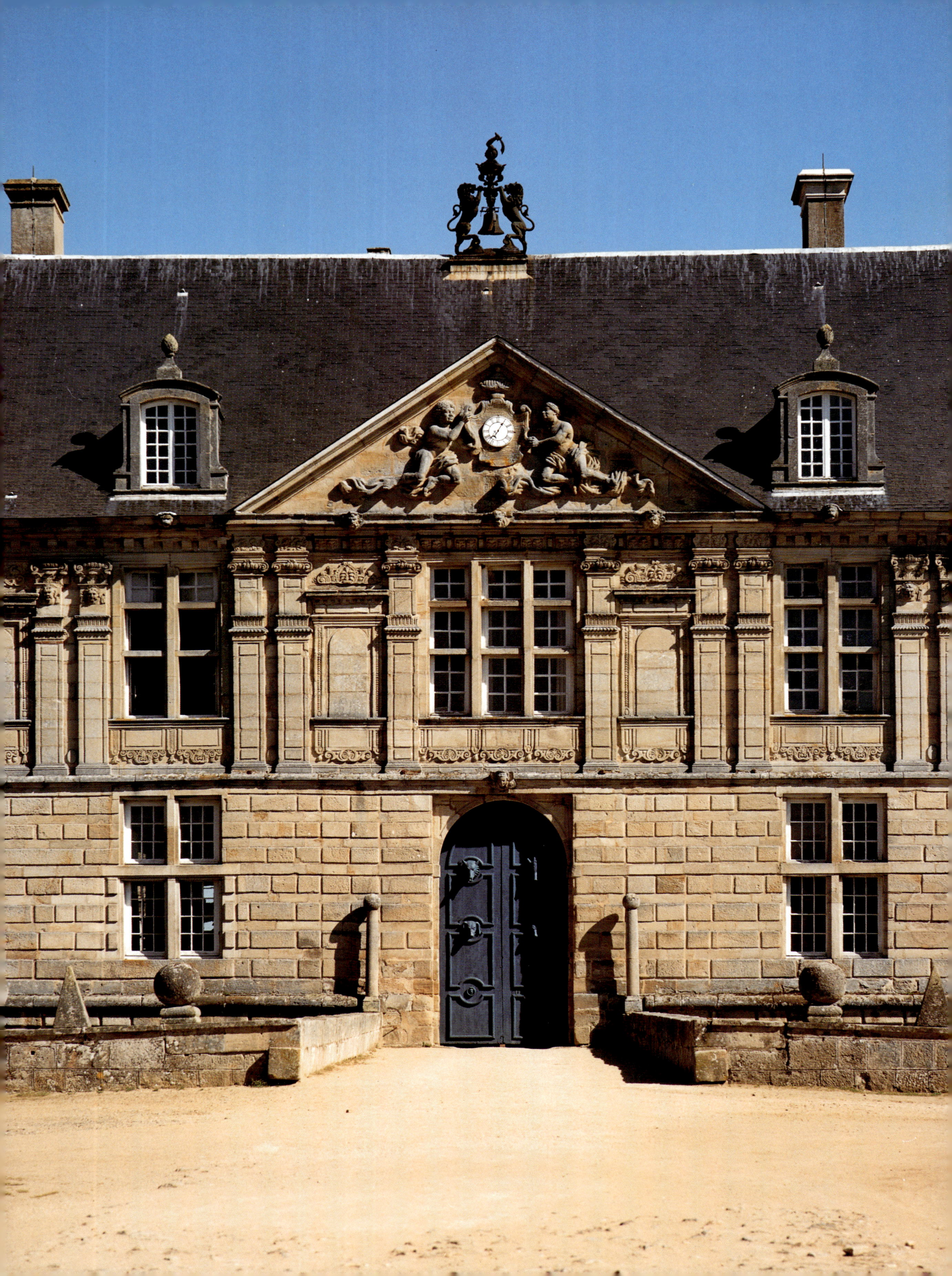

Château de Sully

Château de Sully

Château de Sully

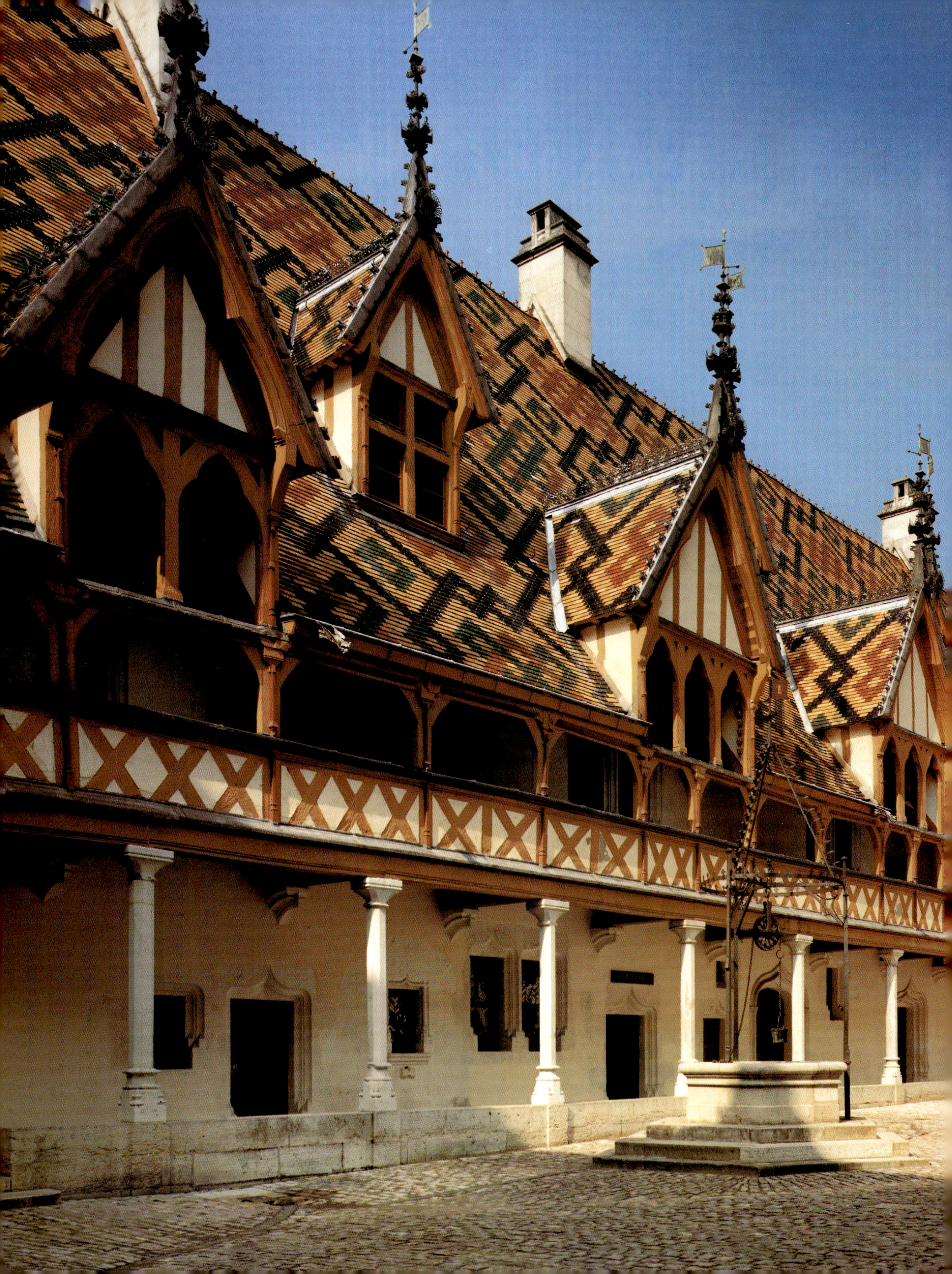

Beaune, Hôtel-Dieu

Beaune, Hôtel-Dieu

Beaune, Hôtel-Dieu

Beaune, Hôtel-Dieu

Beaune, Hôtel-Dieu

Beaune, Hôtel-Dieu

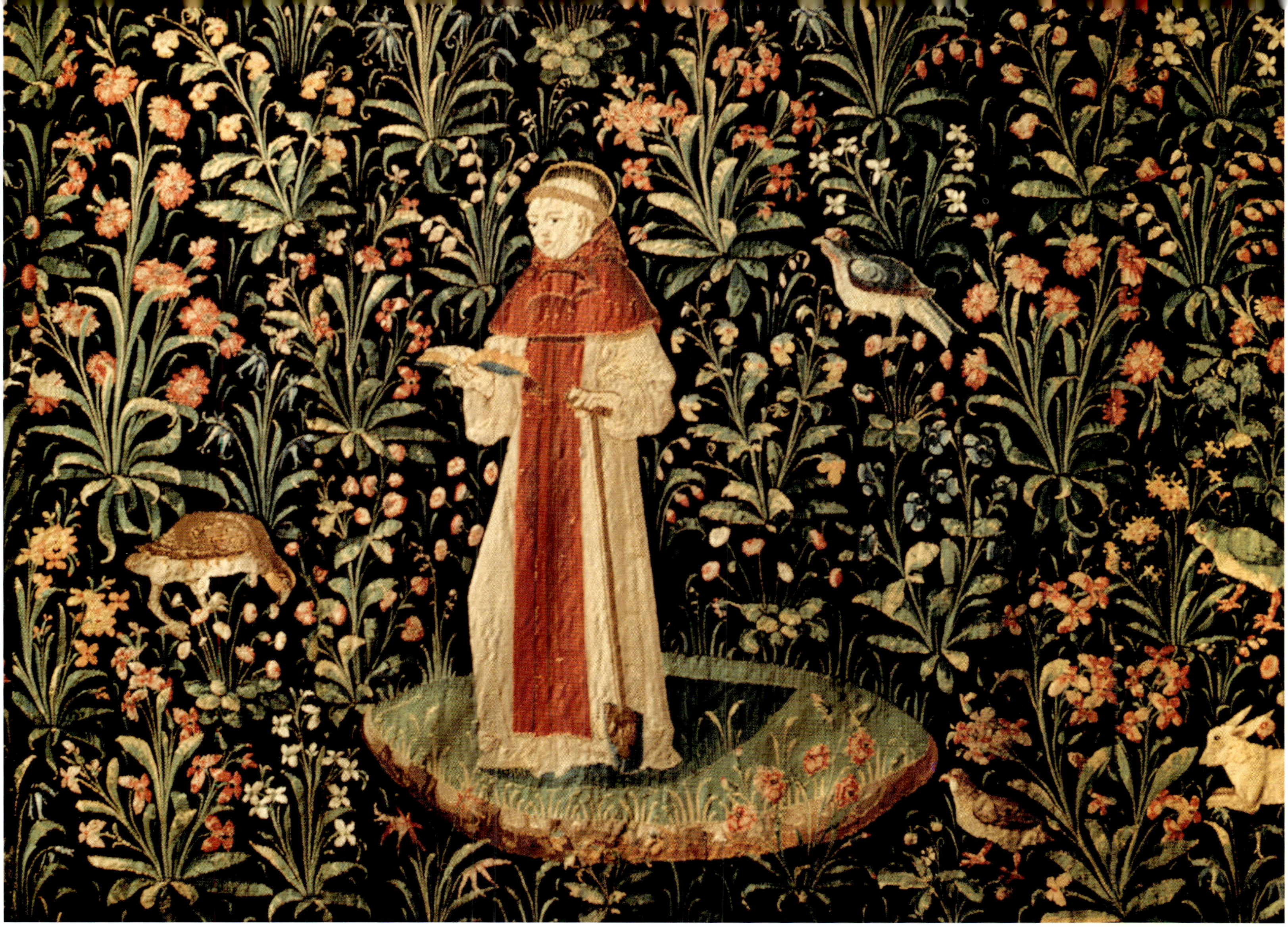

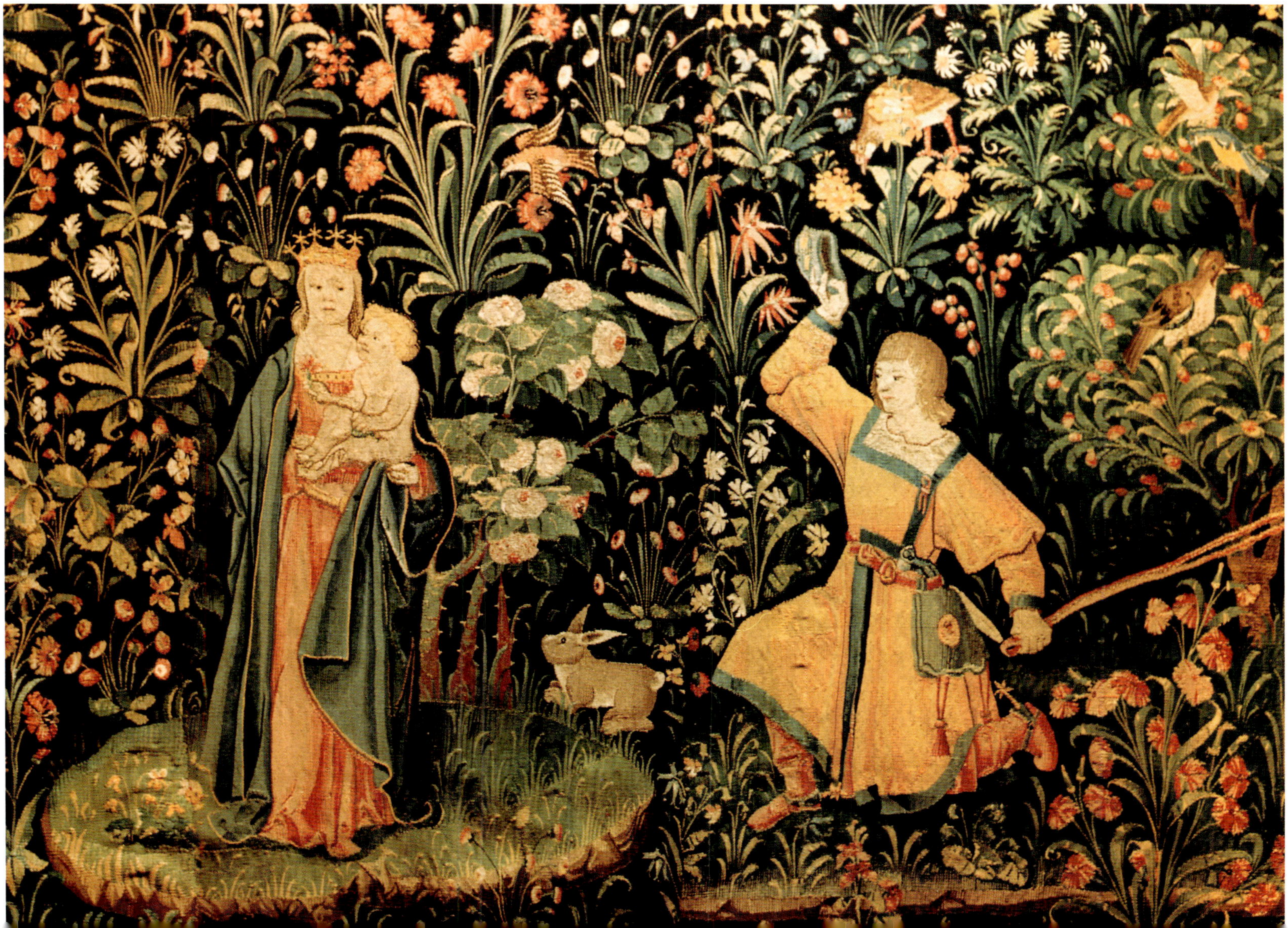

152 Beaune, Hôtel-Dieu   Rechts: Château de la Rochepot

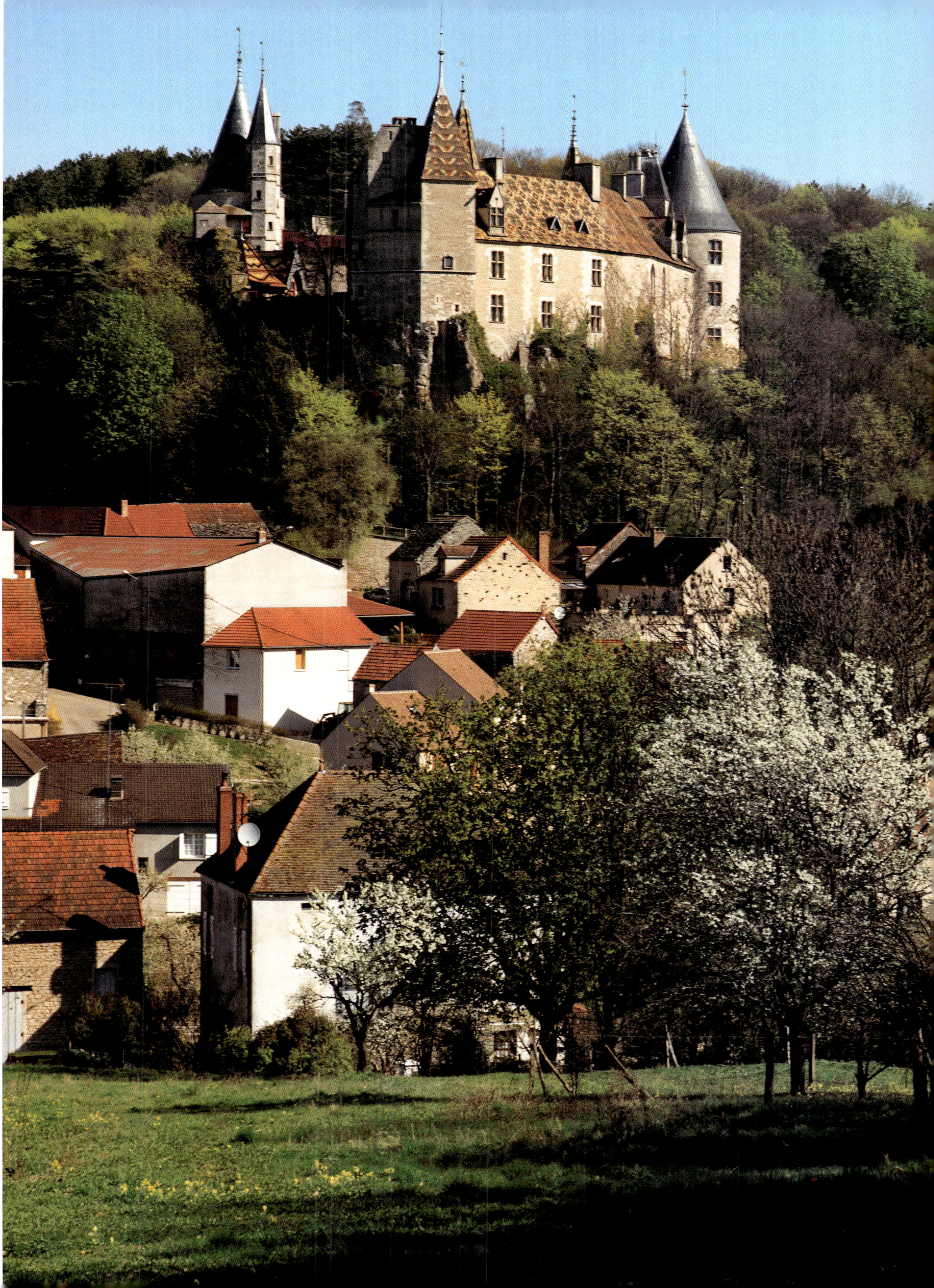

St-Thibault, Chor der ehemaligen Klosterkirche

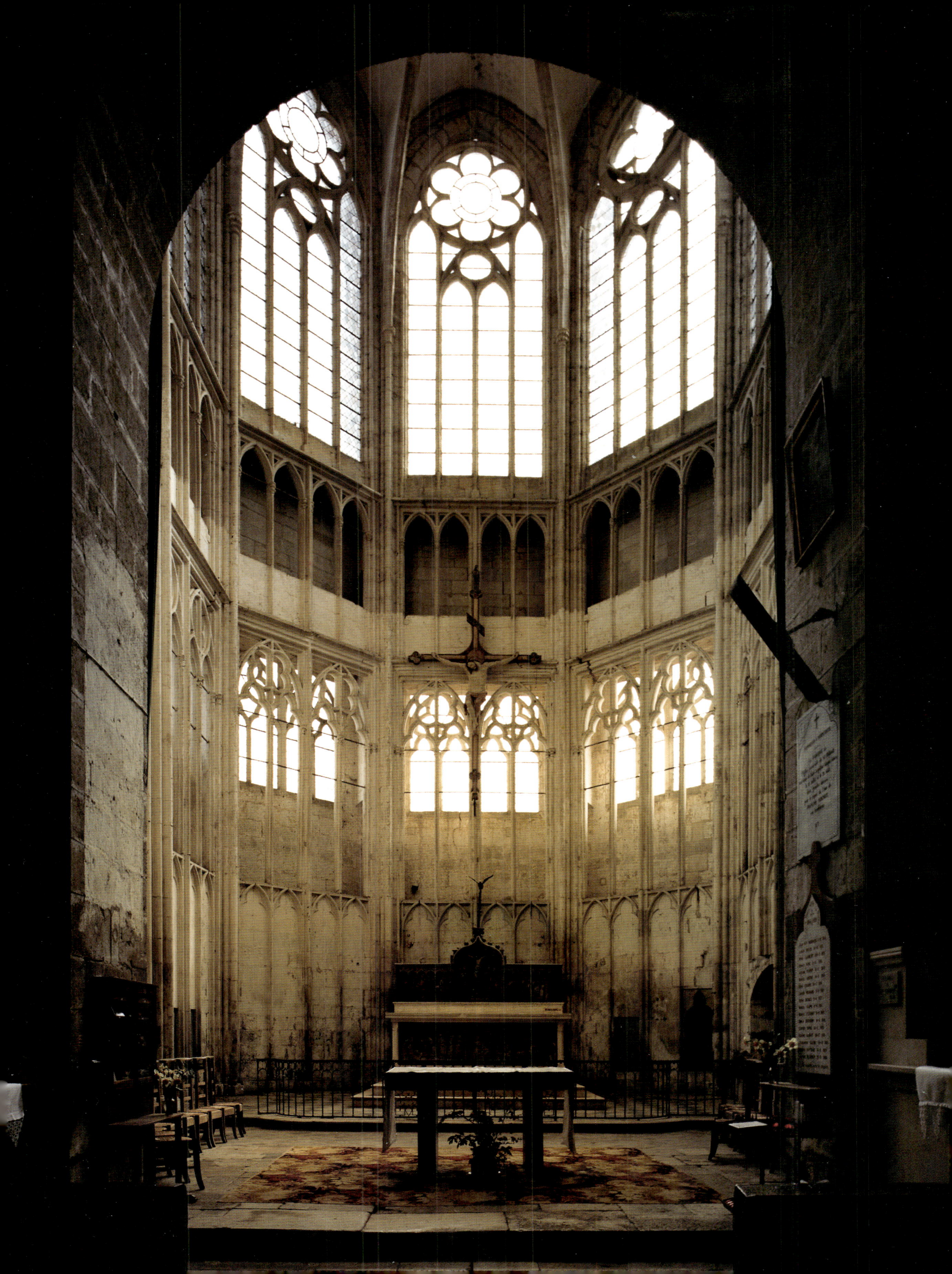

St-Thibault, Chor der ehemaligen Klosterkirche

St-Thibault, Chor der ehemaligen Klosterkirche

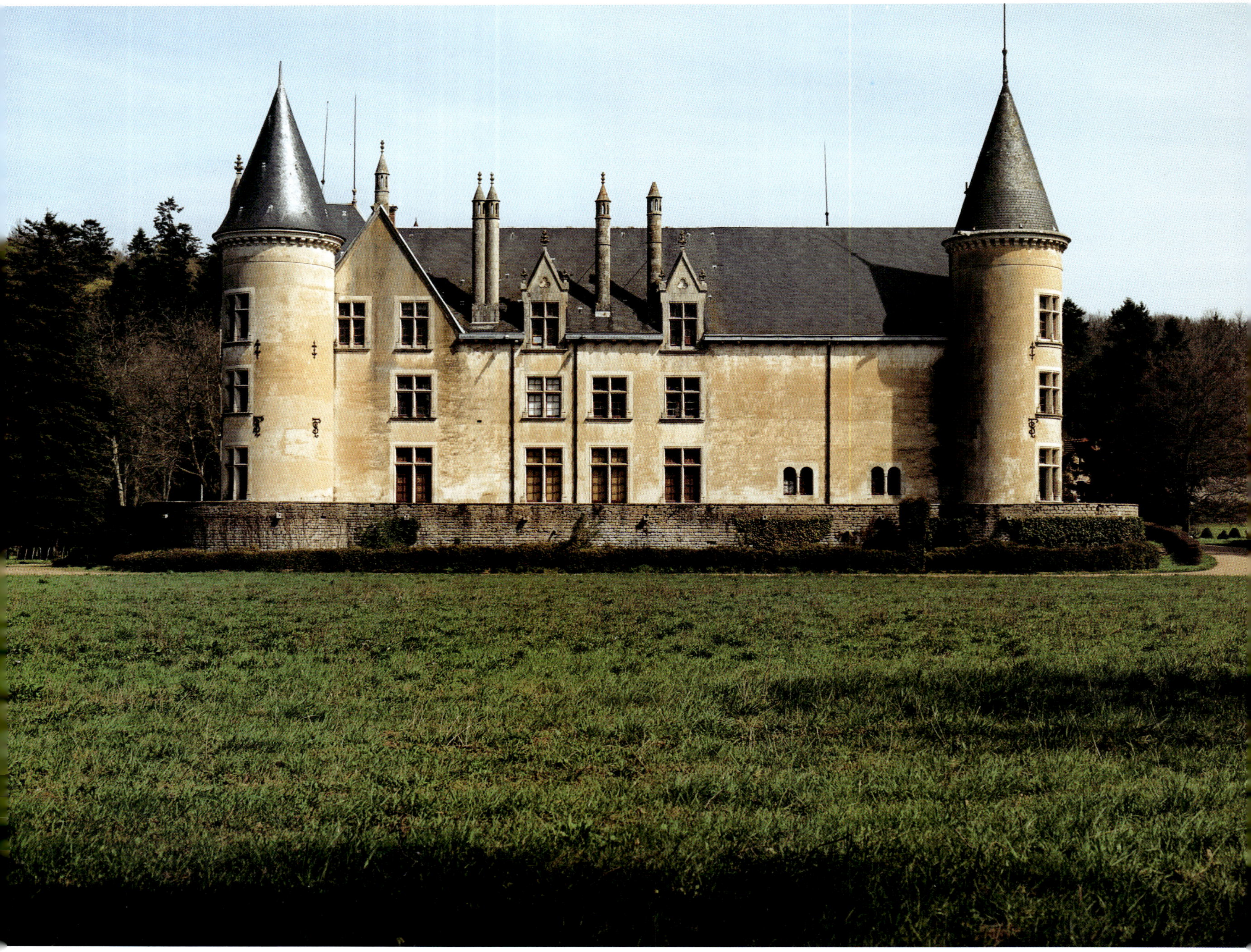

Château de Bourbilly

Château de Commarin

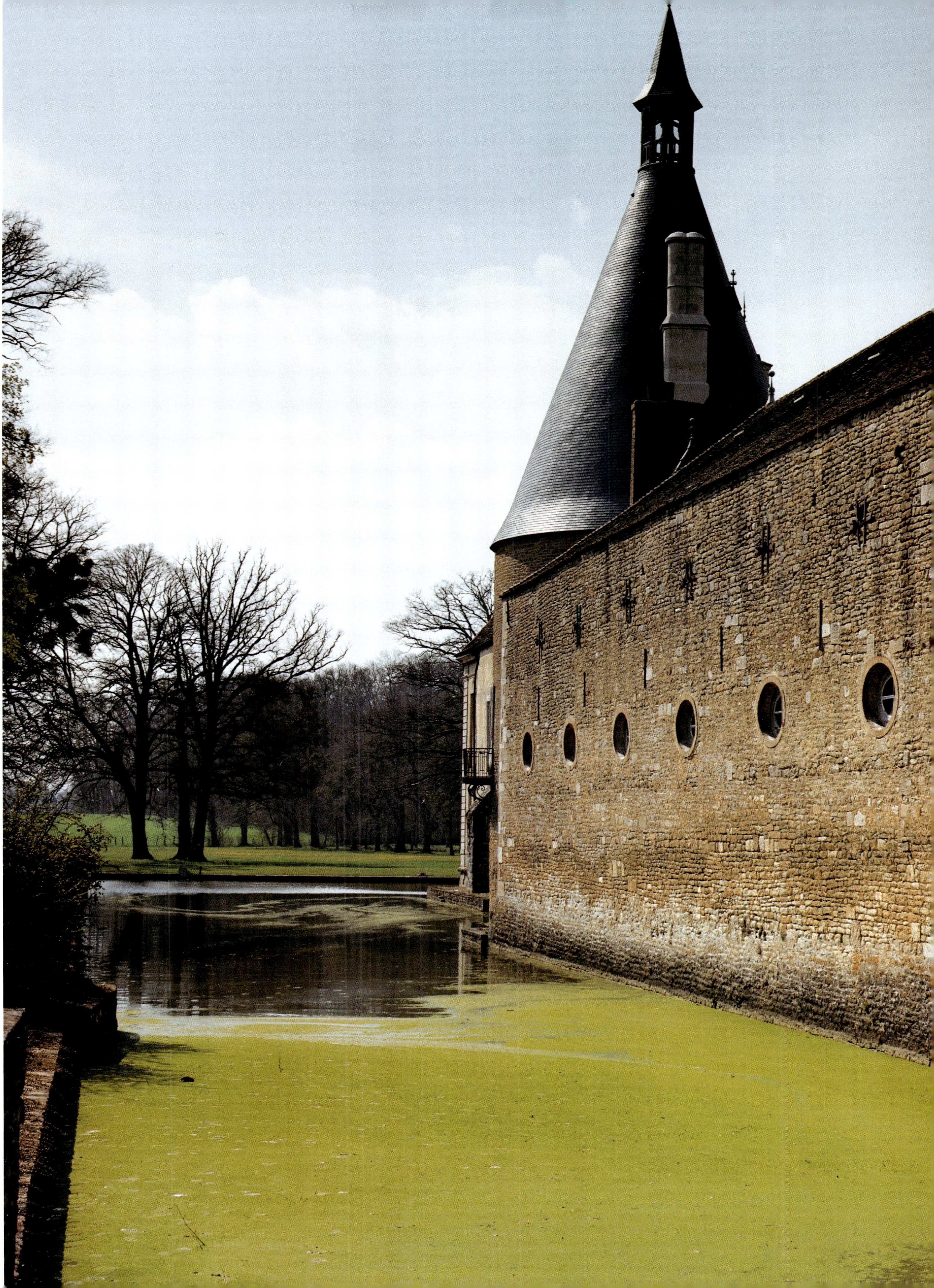

Dijon, ehemaliger Herzogspalast, Salle des gardes mit dem Doppelgrabmal des Herzogs Johann Ohnefurcht und der Margarete von Bayern

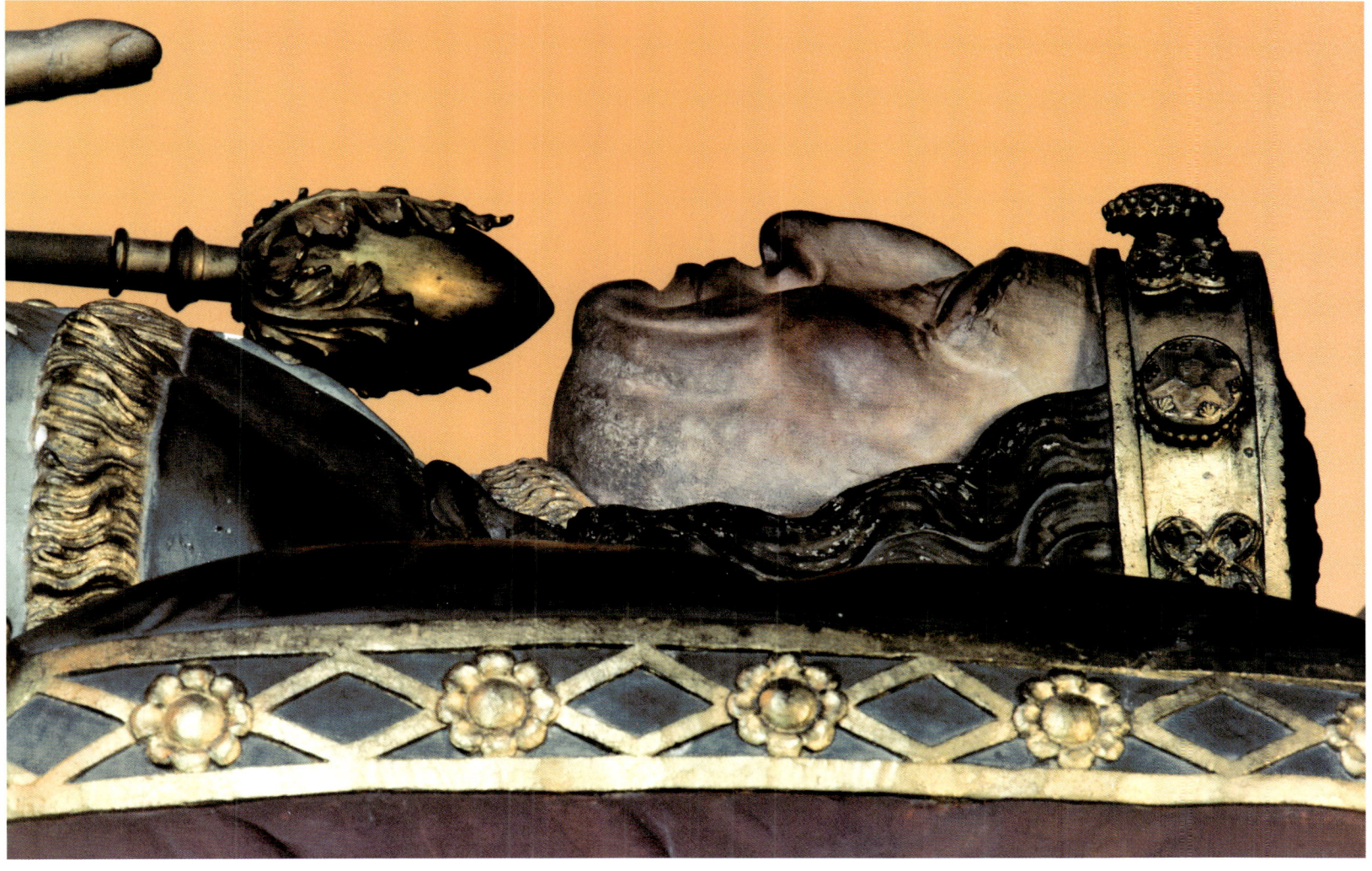

Dijon, Salle des gardes im ehemaligen Herzogspalast, Herzogsgräber

164

Dijon, ehemaliger Herzogspalast, Pleurants vom Grabmal Philipps des Kühren in der Salle des gardes

166 Dijon, ehemaliger Herzogspalast, Salle des gardes, Details vom Passionsaltar

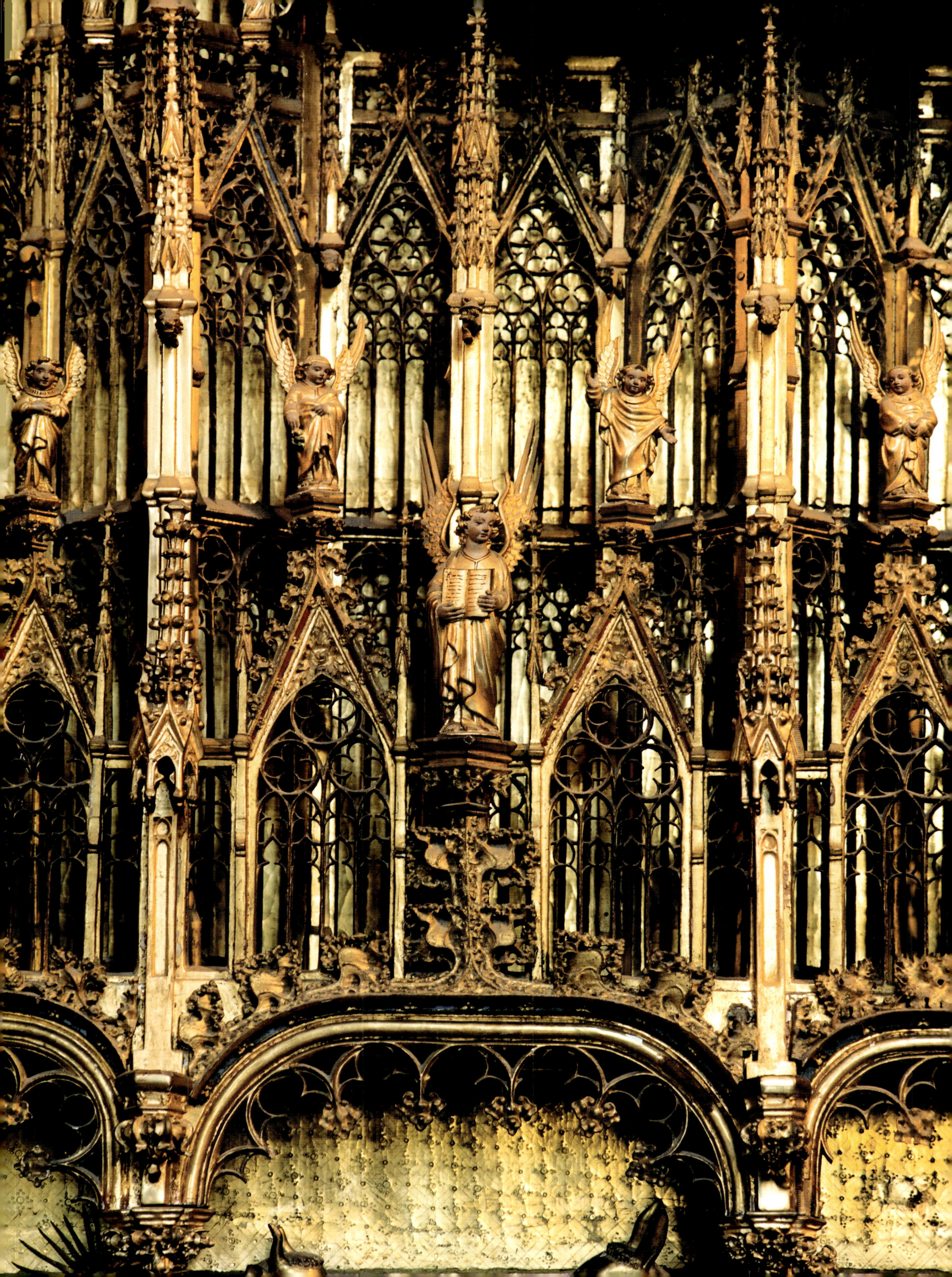

168 Dijon, ehemaliger Herzogspalast, Salle des gardes, Bildnis des Hugo de Rabutin

Dijon, ehemaliger Herzogspalast, Salle des gardes, Bildnis der Jeanne de Montaign

170 Avallon, romanische Kirche St-Lazare

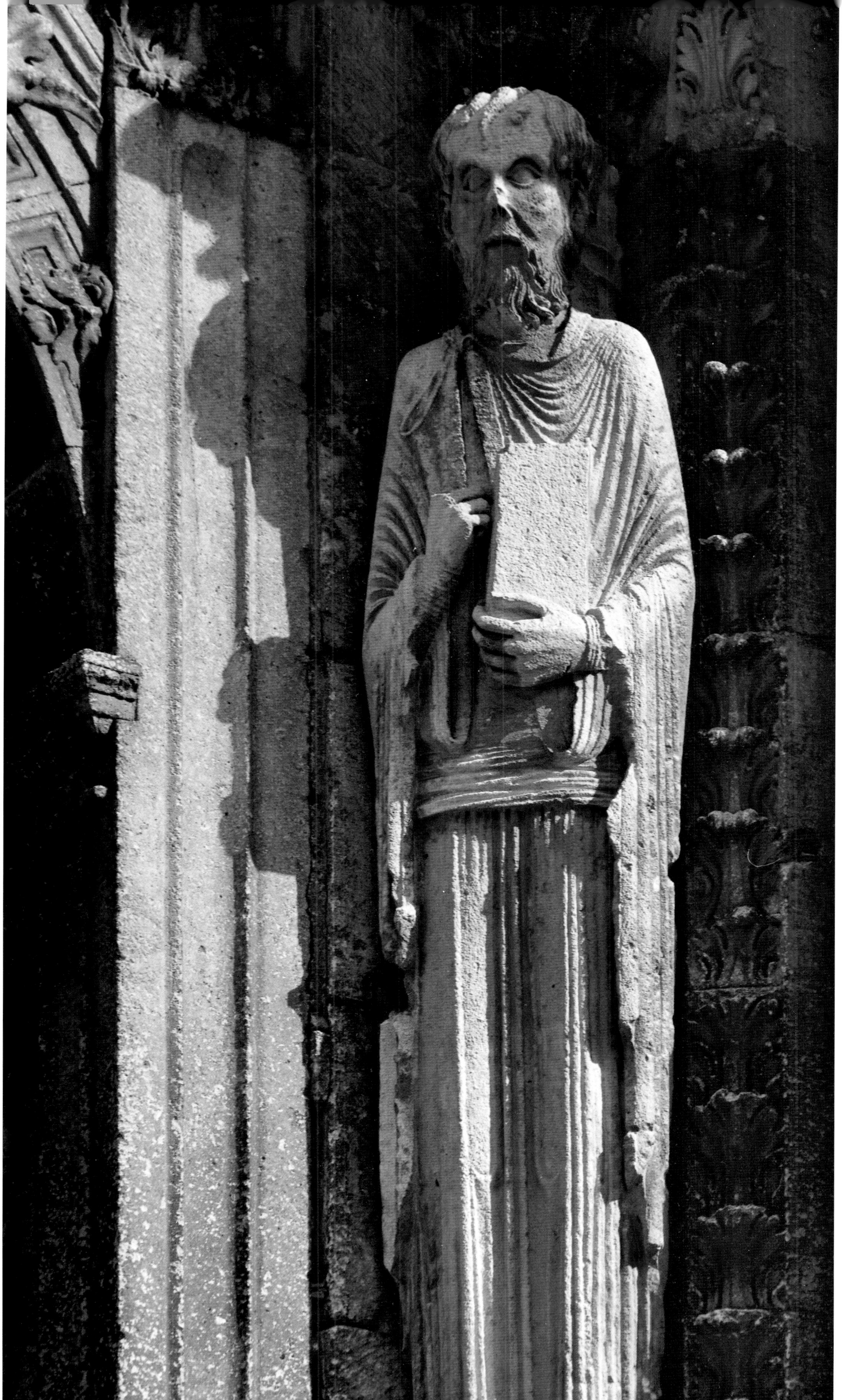

172 Avallon, romanische Kirche St-Lazare

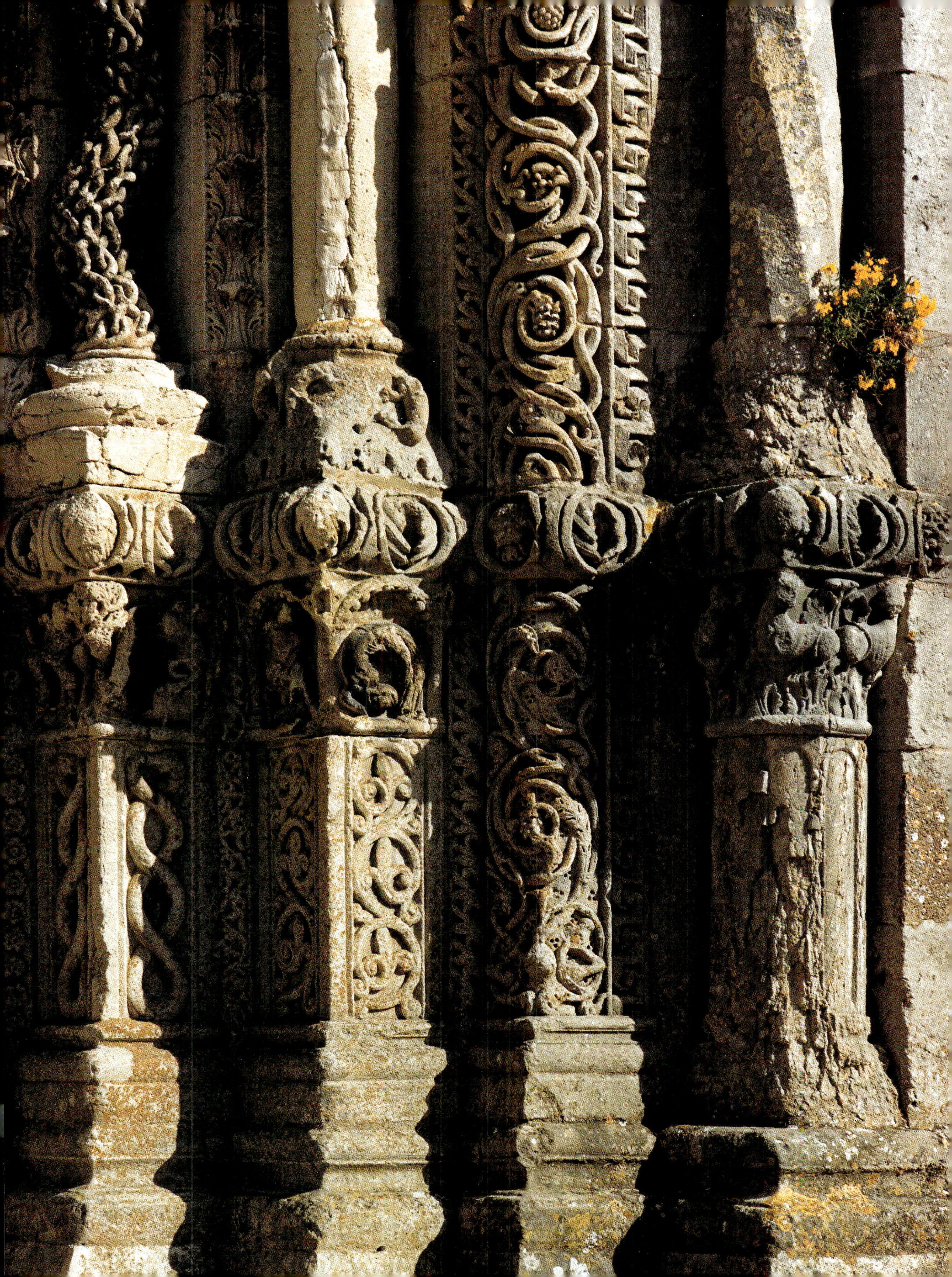

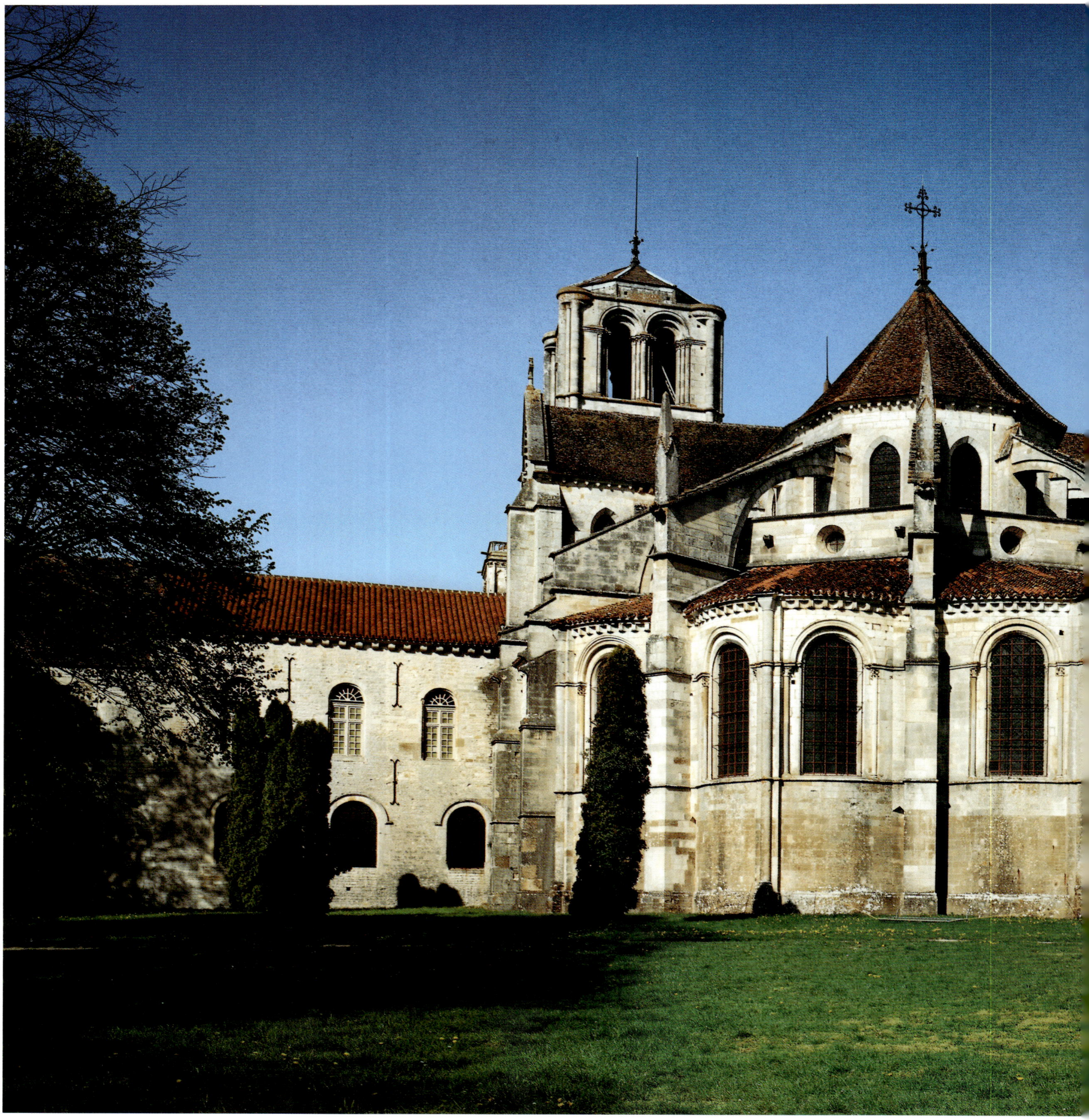

Vézelay, romanische Wallfahrtskirche Ste-Madeleine

176 Vézelay, romanische Wallfahrtskirche Ste-Madeleine

Vézelay, romanische Wallfahrtskirche Ste-Madeleine

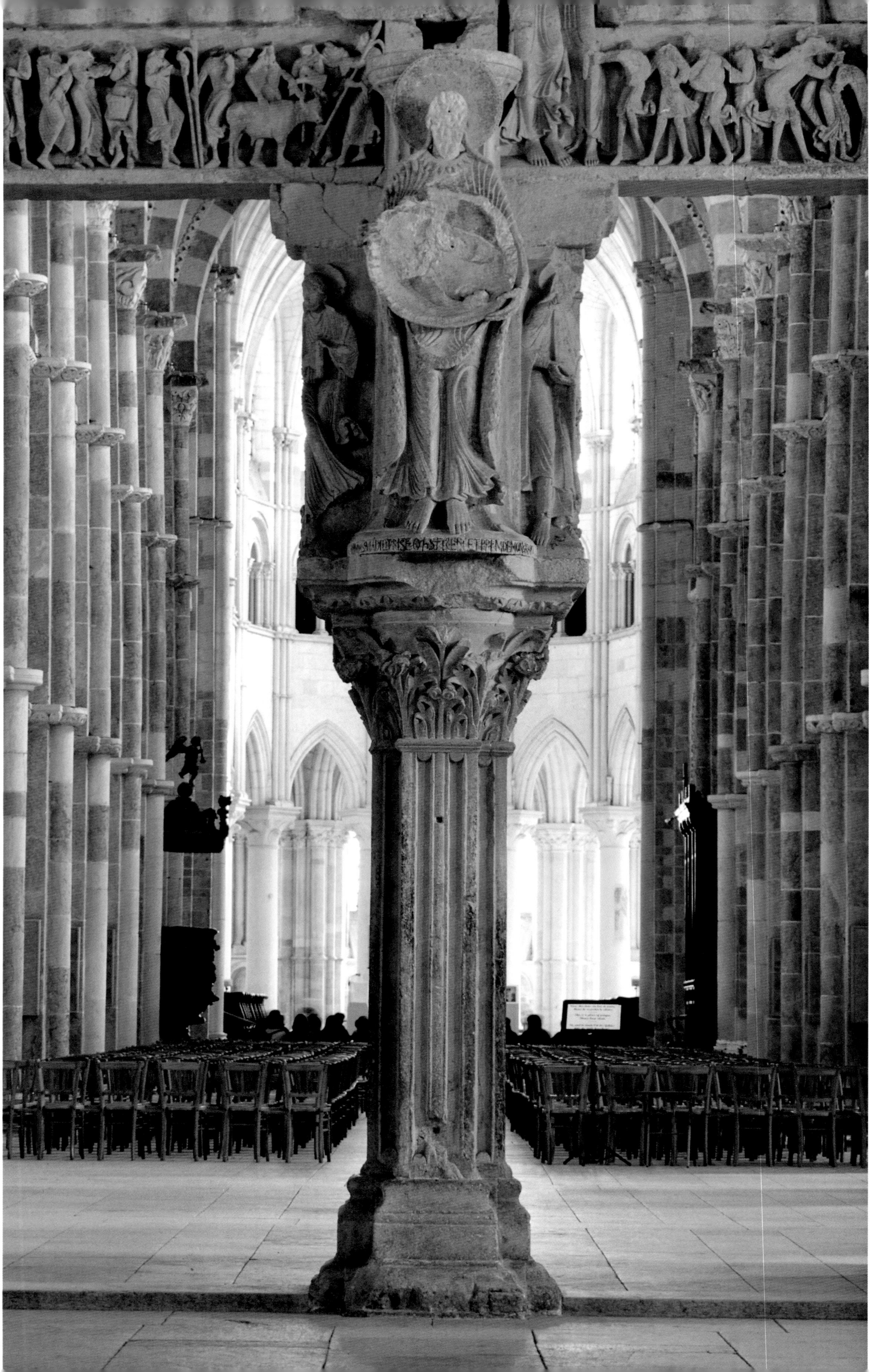

Vézelay, romanische Wallfahrtskirche Ste-Madeleine

Vézelay, romanische Wallfahrtskirche Ste-Madeleine

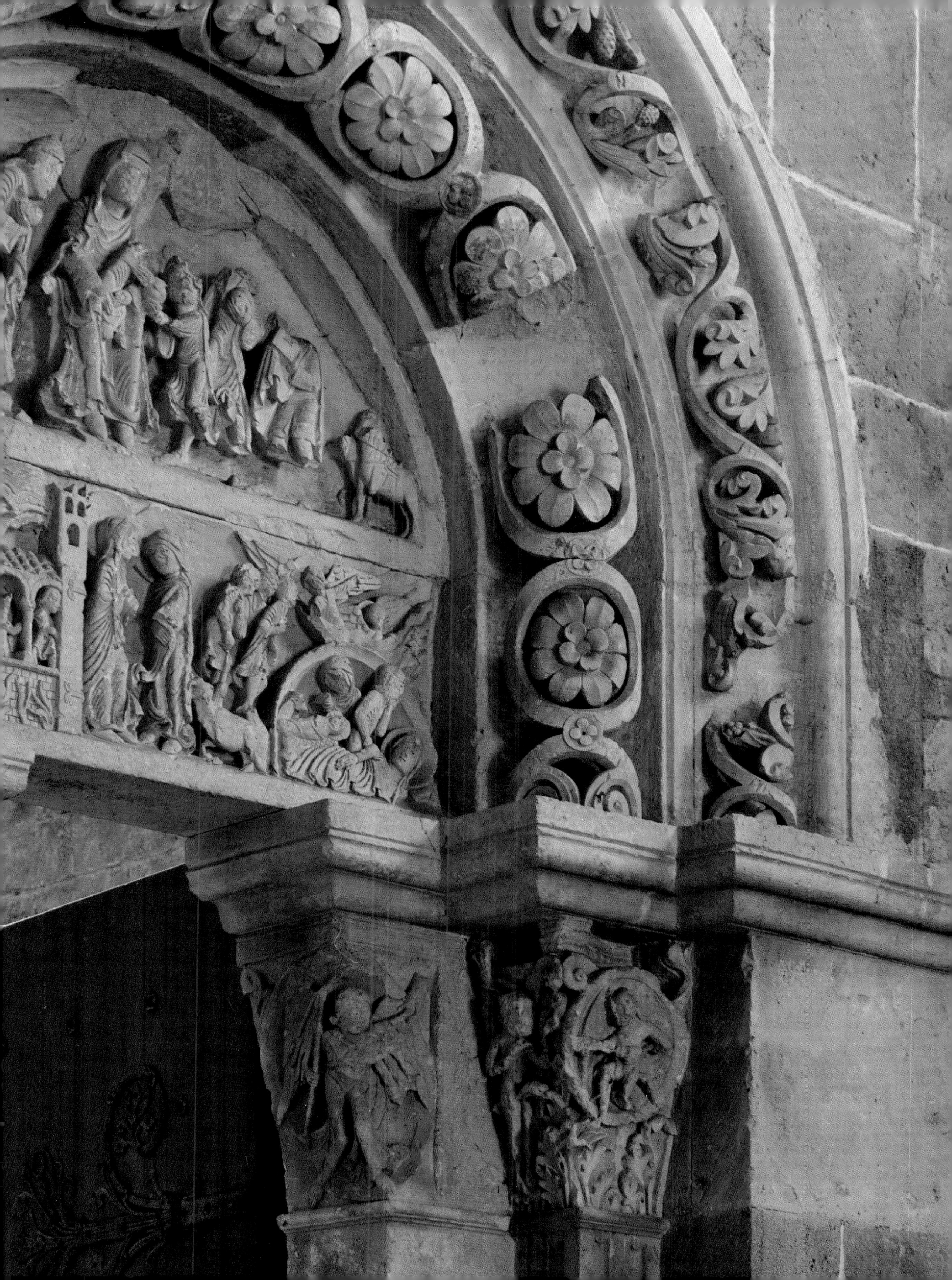

182 Vézelay, Wallfahrtskirche Ste-Madeleine

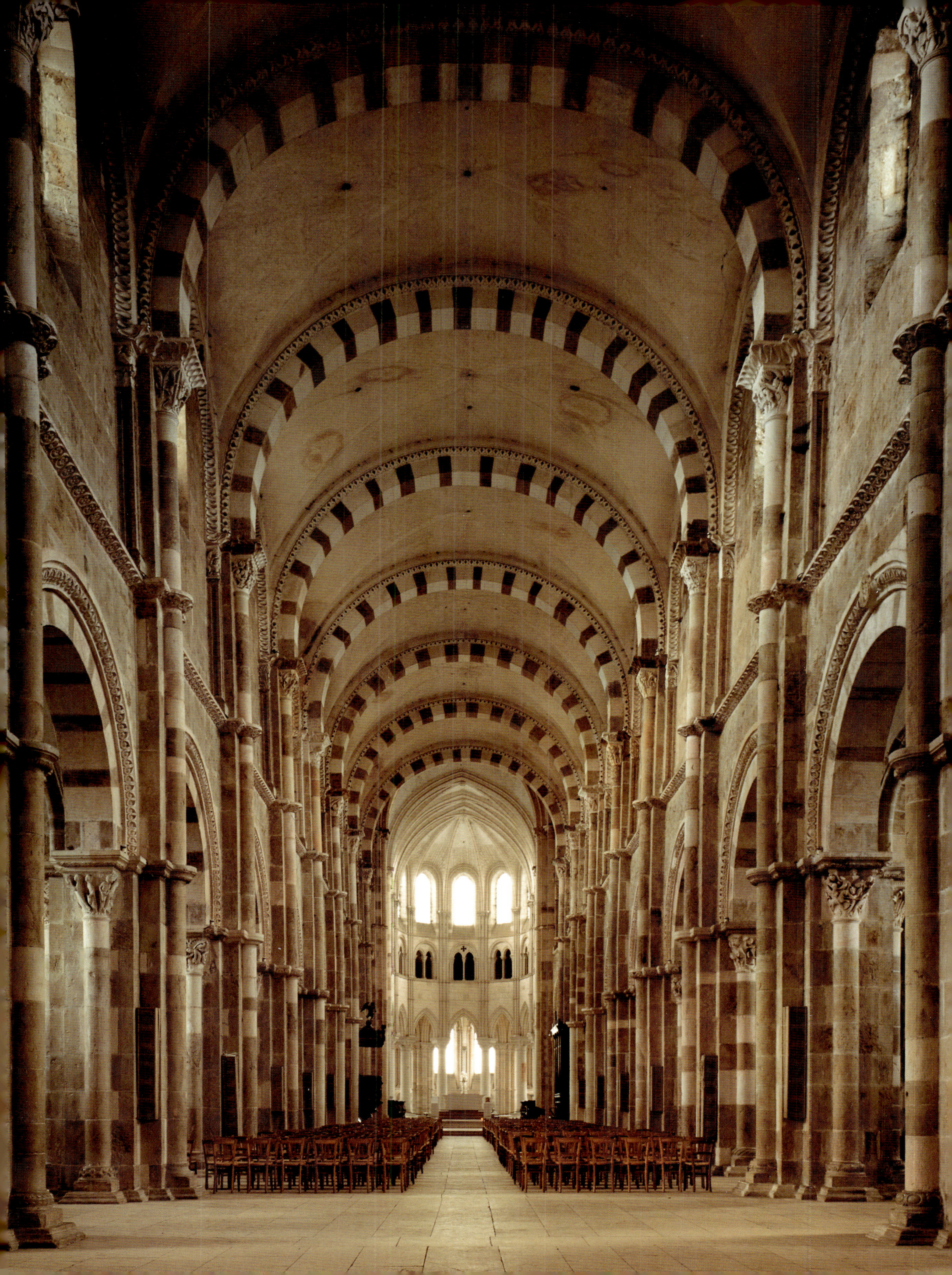

184 Vézelay, Wallfahrtskirche Ste-Madeleine

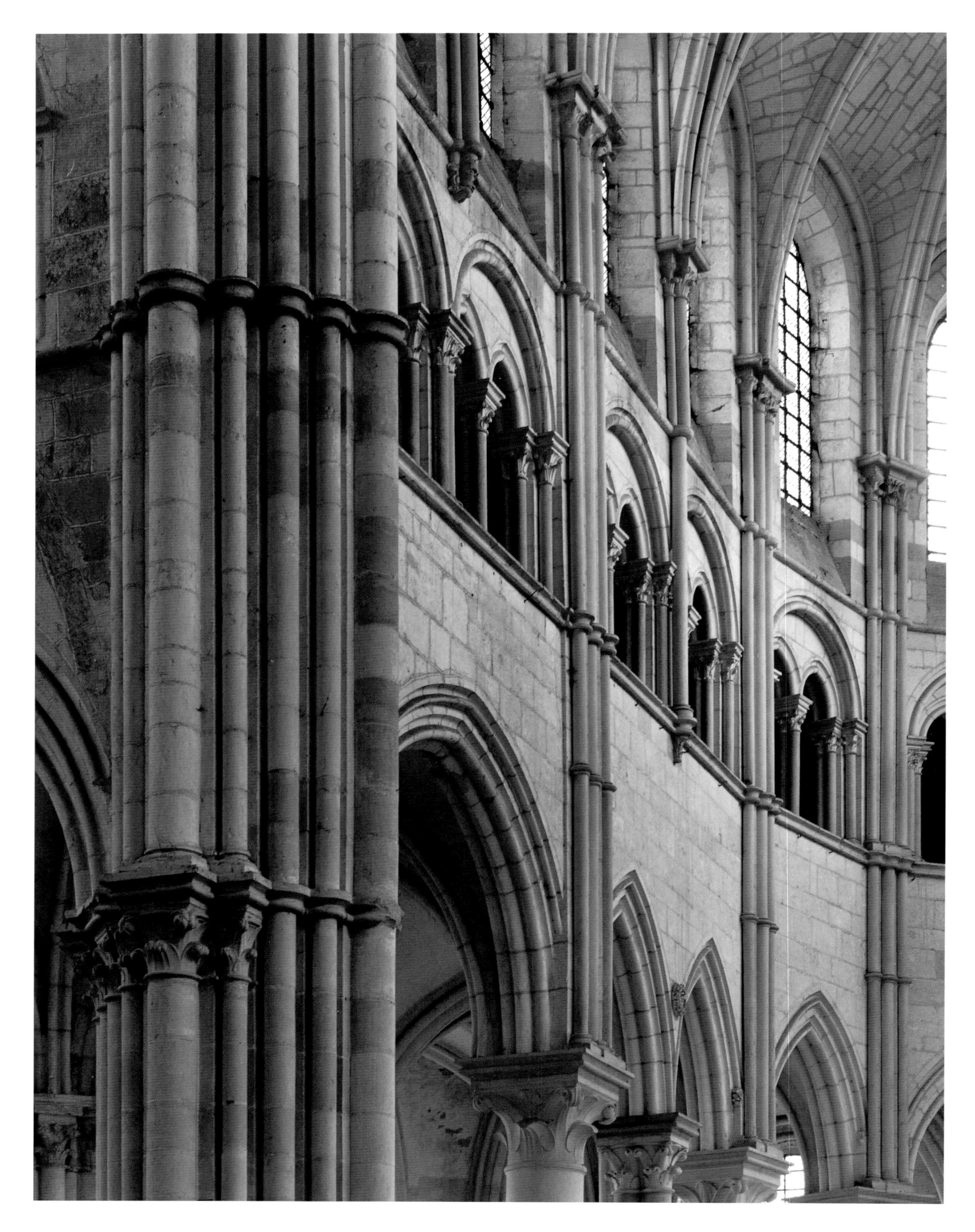

Vézelay, Wallfahrtskirche Ste-Madeleine

Vézelay, Wallfahrtskirche Ste-Madeleine

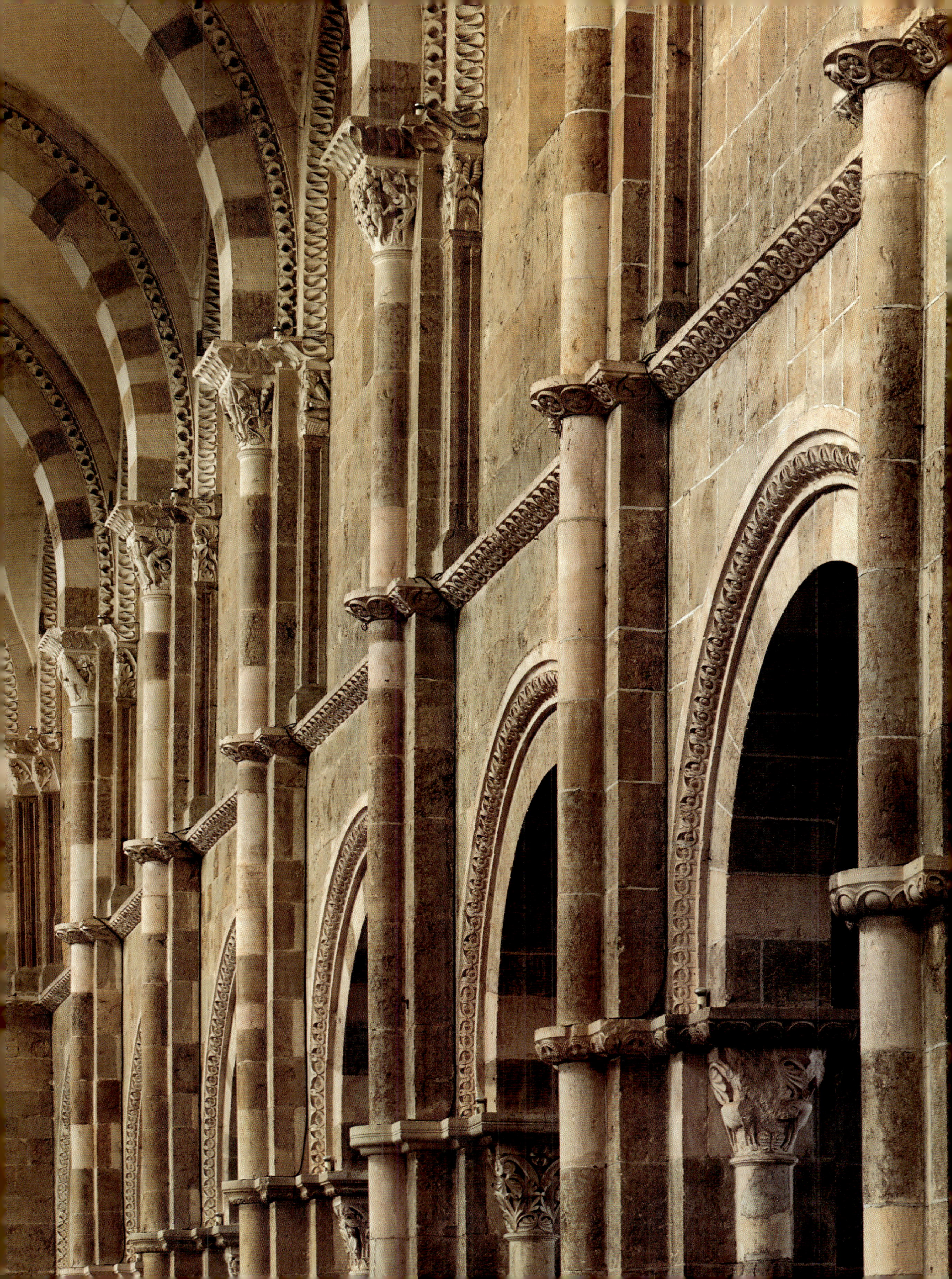

Vézelay, Wallfahrtskirche Ste-Madeleine

Landschaft im Bazois, westliches Nivernais

190   Montréal, ehemalige Prioratskirche Notre-Dame

Montréal, ehemalige Prioratskirche Notre-Dame

Montréal, ehemalige Prioratskirche Notre-Dame

Montréal, ehemalige Prioratskirche Notre-Dame

194   Fontenay, ehemalige Zisterzienserabtei, Klosterkirche

Fontenay, ehemalige Zisterzienserabtei, Klosterkirche

196   Fontenay, ehemalige Zisterzienserabtei, Klosterkirche

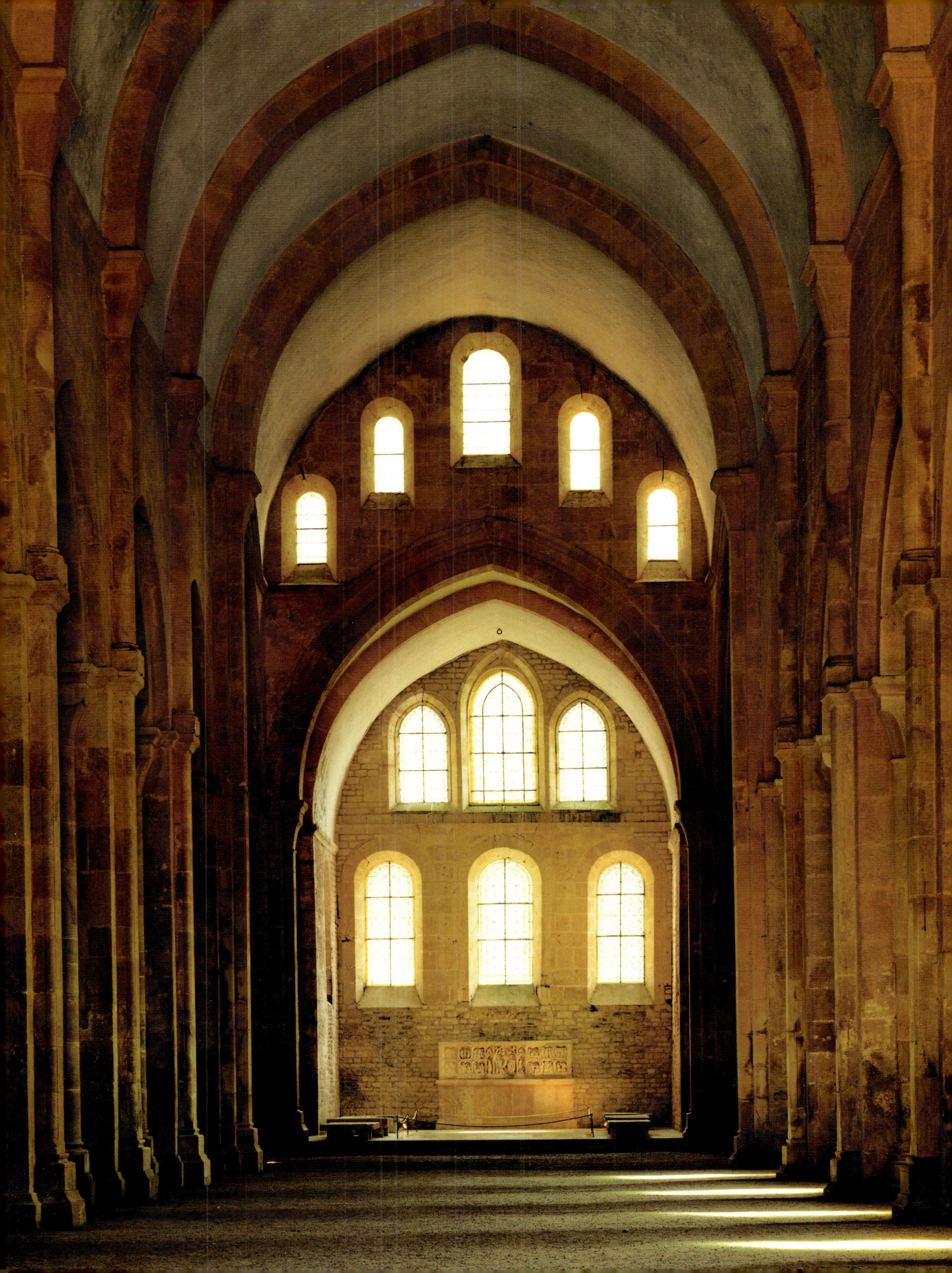

Fontenay, ehemalige Zisterzienserabtei, Dormitorium

Fontenay, ehemalige Zisterzienserabtei, Dormitorium

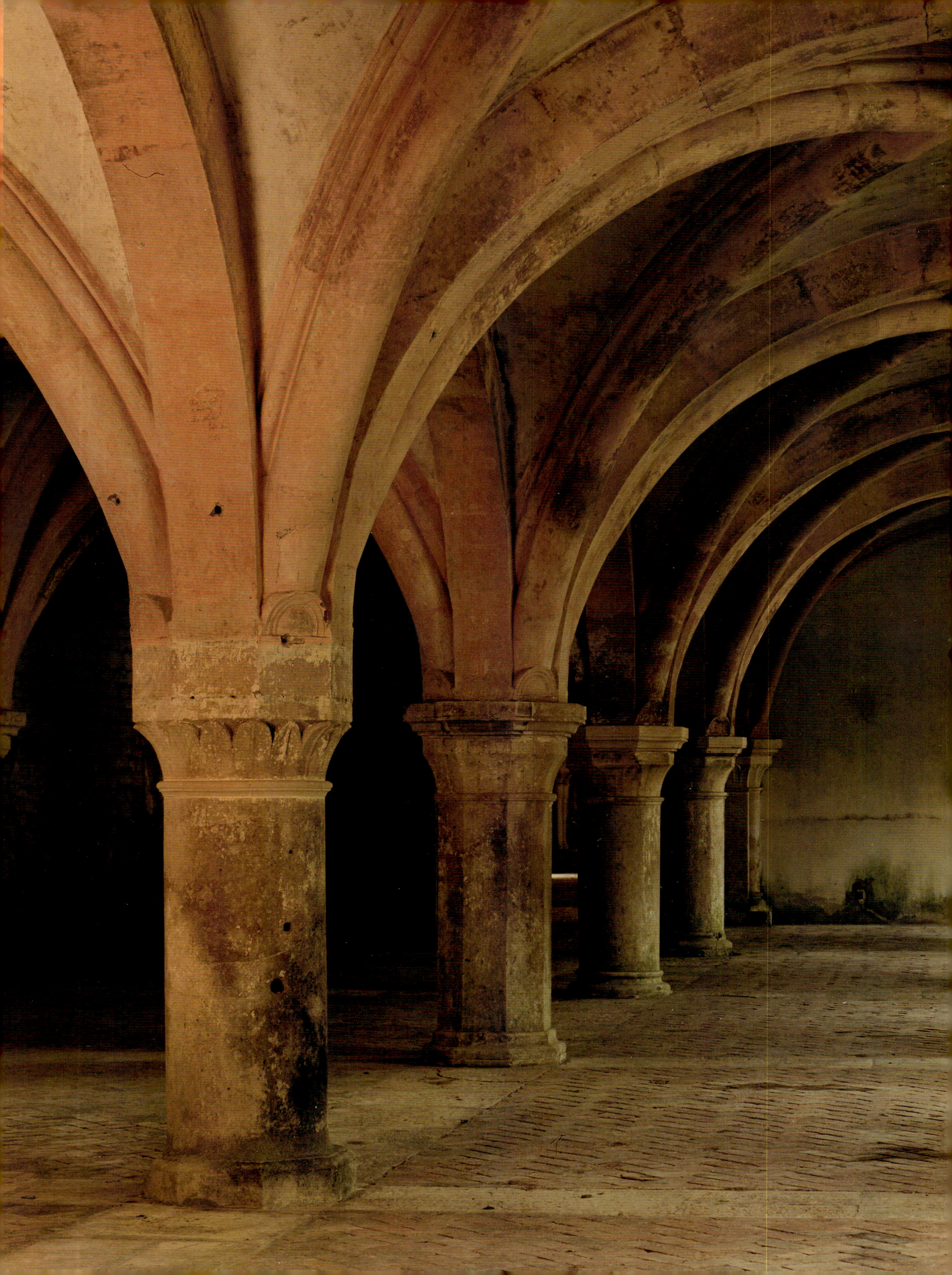

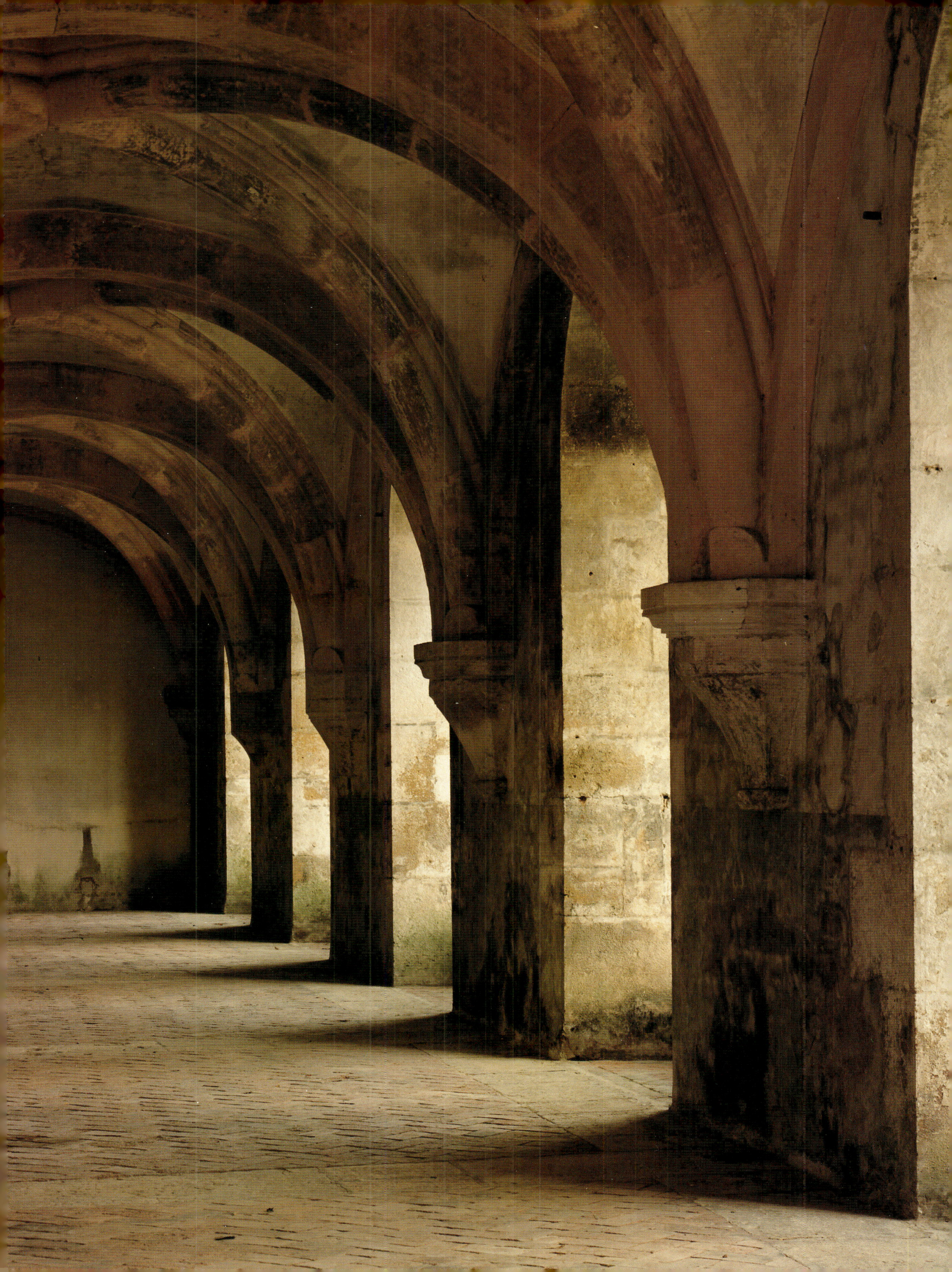

Fontenay, ehemalige Zisterzienserabtei, Kreuzgang

Fontenay, ehemalige Zisterzienserabtei, Kreuzgang

Fontenay, ehemalige Zisterzienserabtei, Kreuzgang

Fontenay, ehemalige Zisterzienserabtei, Kreuzgang

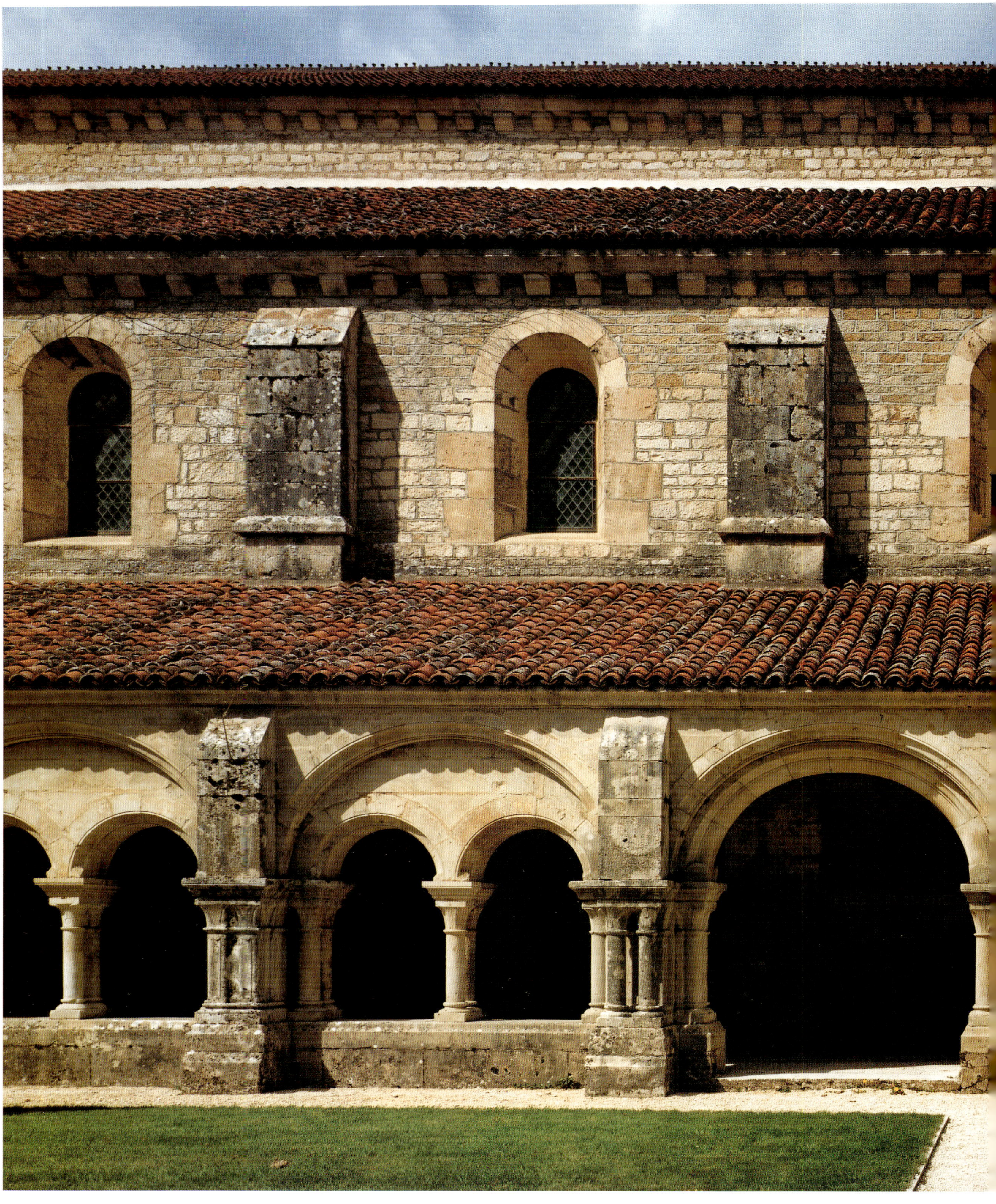

Fontenay, ehemalige Zisterzienserabtei, Kreuzgang

Fontenay, ehemalige Zisterzienserabtei, Kreuzgang

Fontenay, ehemalige Zisterzienserabtei, Pförtnerloge

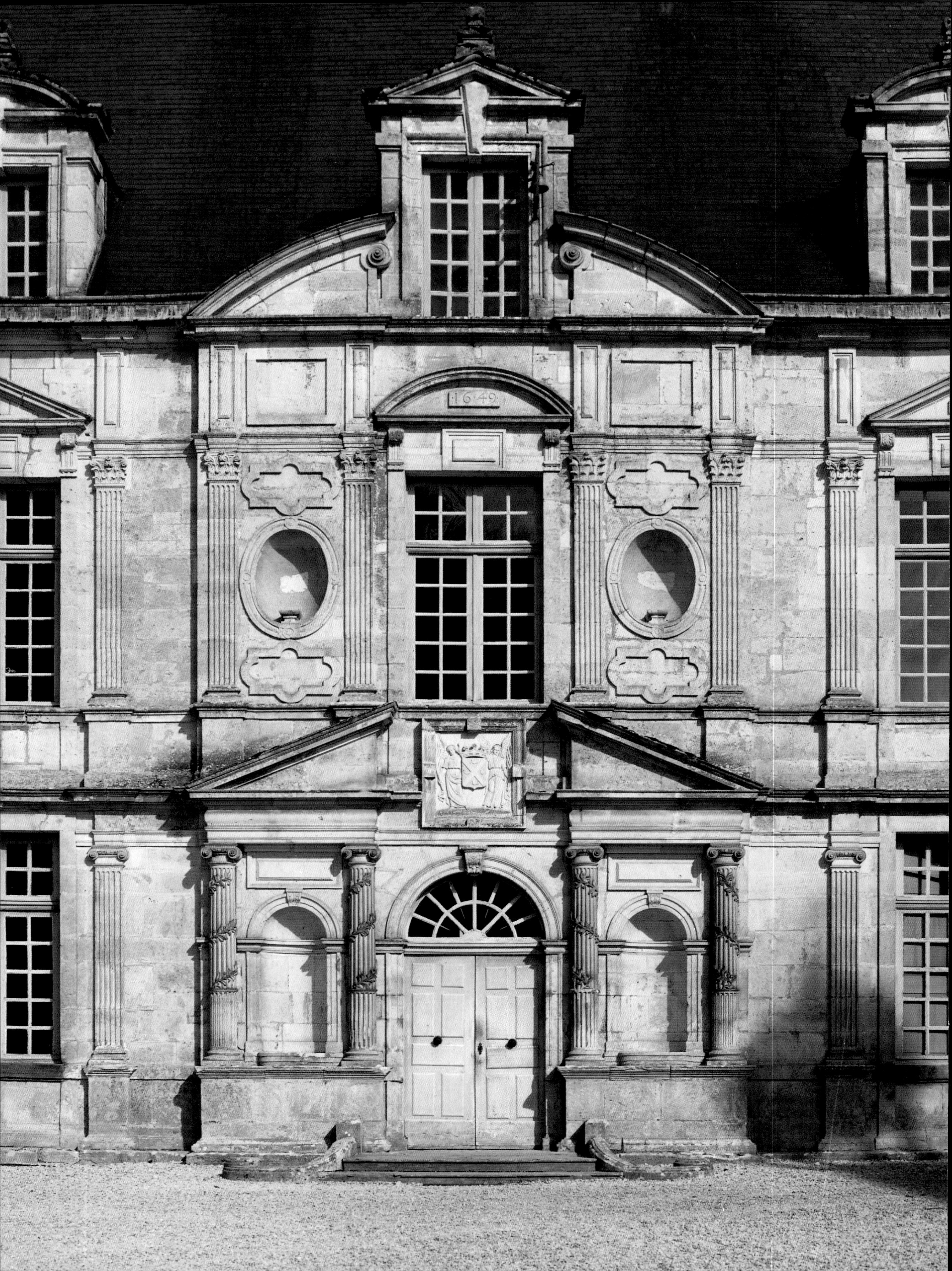
1649

Château de Bussy-Rabutin

Château de Tanlay

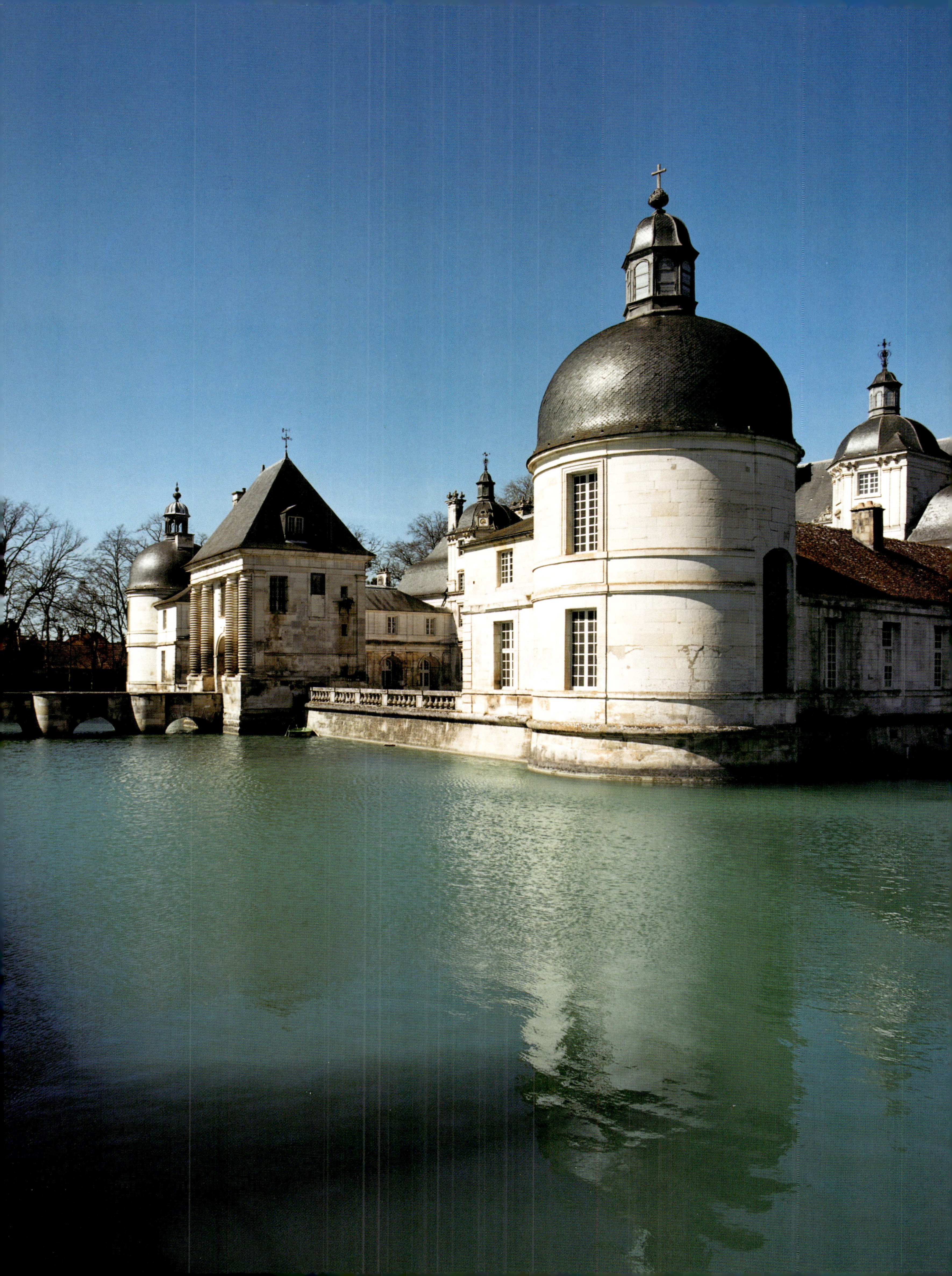

Château de Tanlay

Château de Tanlay

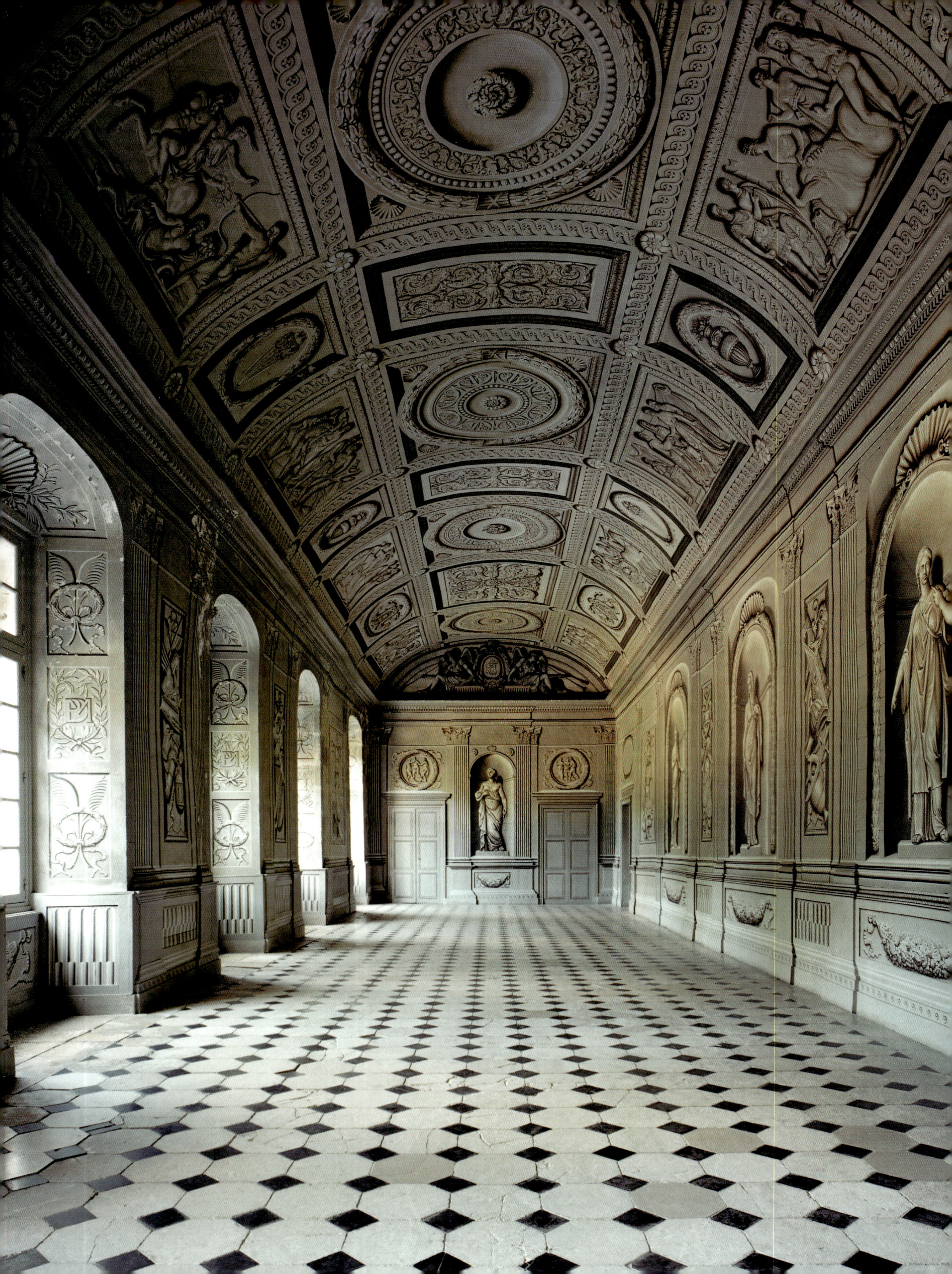

Château de Tanlay

Château de Tanlay

Château de Tanlay 219

Pontigny, Klosterkirche der ehemaligen Zisterzienserabtei

Pontigny, Klosterkirche der ehemaligen Zisterzienserabtei

Pontigny, Klosterkirche der ehemaligen Zisterzienserabtei

Pontigny, Klosterkirche der ehemaligen Zisterzienserabtei

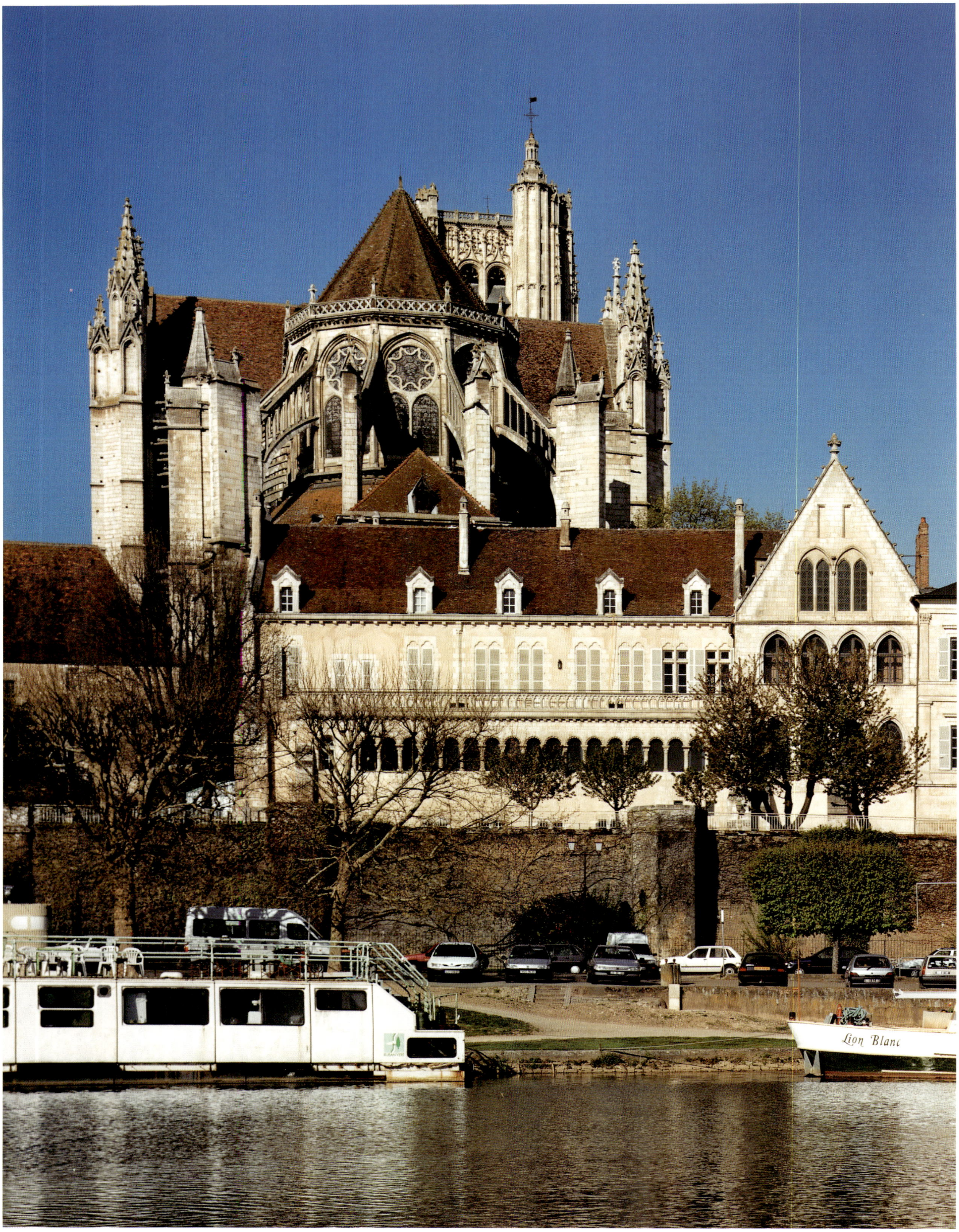

Auxerre, Kathedrale St-Etienne

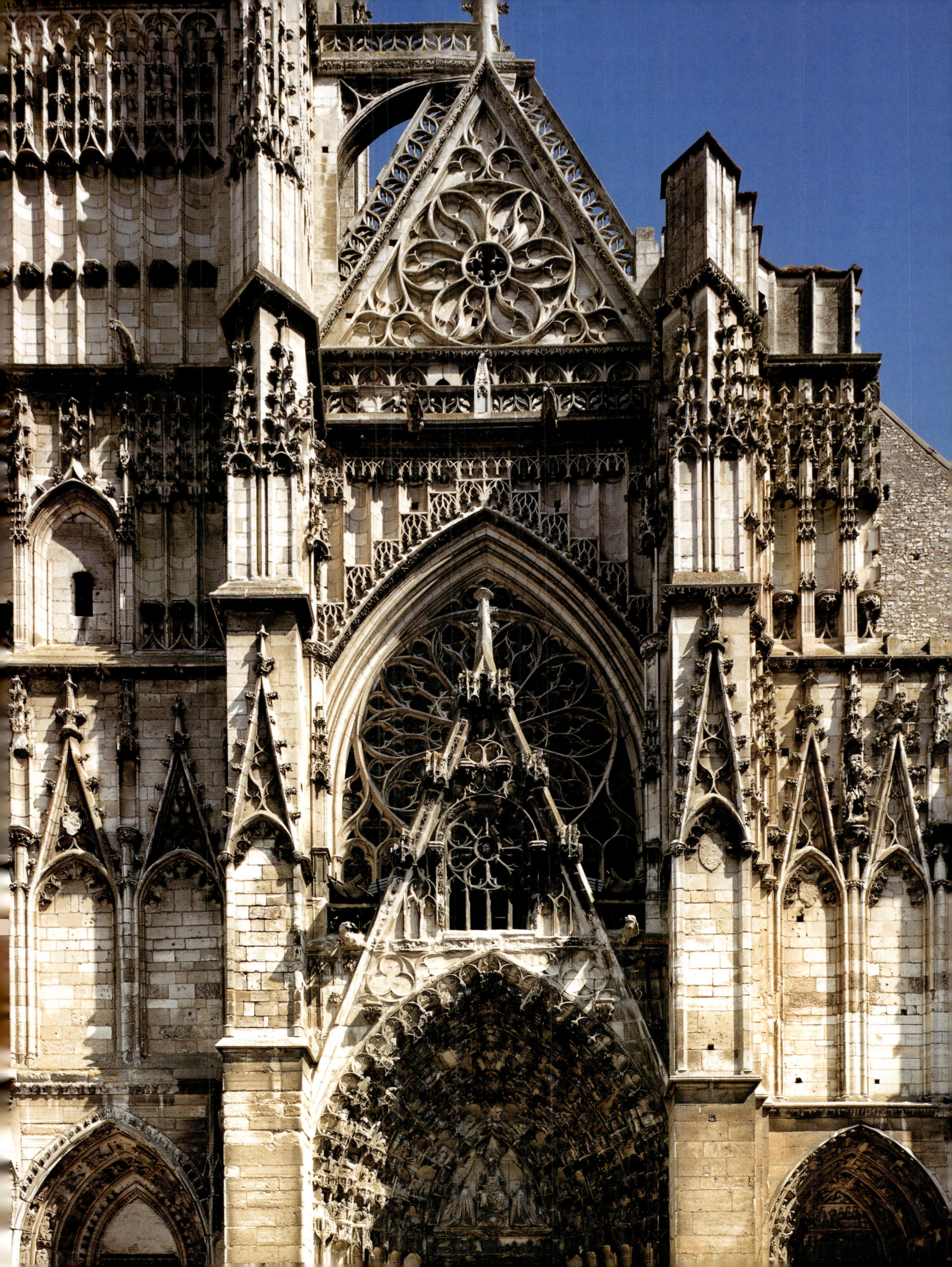

226 Auxerre, Kathedrale St-Etienne

Auxerre, Kathedrale St-Etienne

Auxerre, Kathedrale St-Etienne

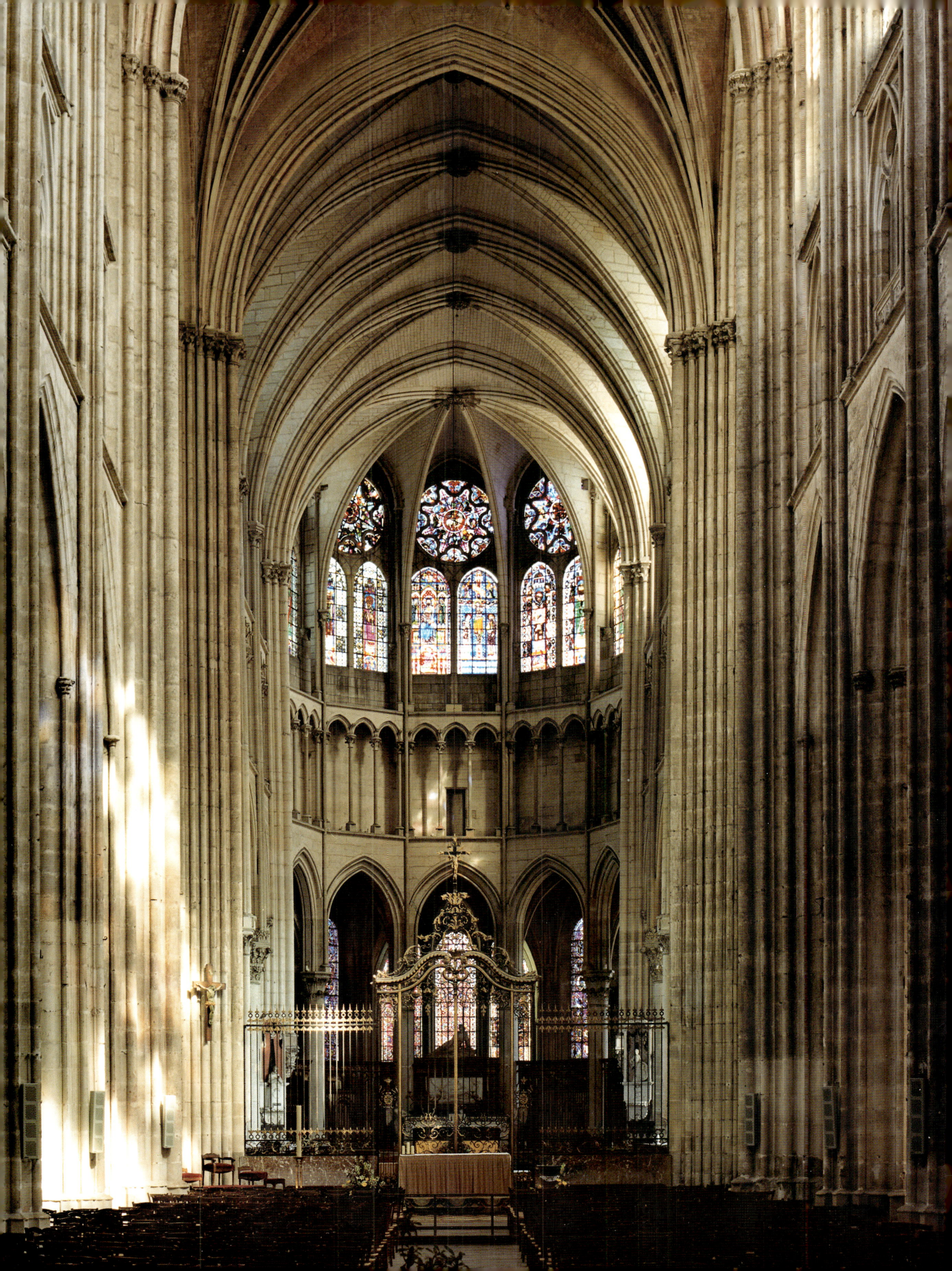

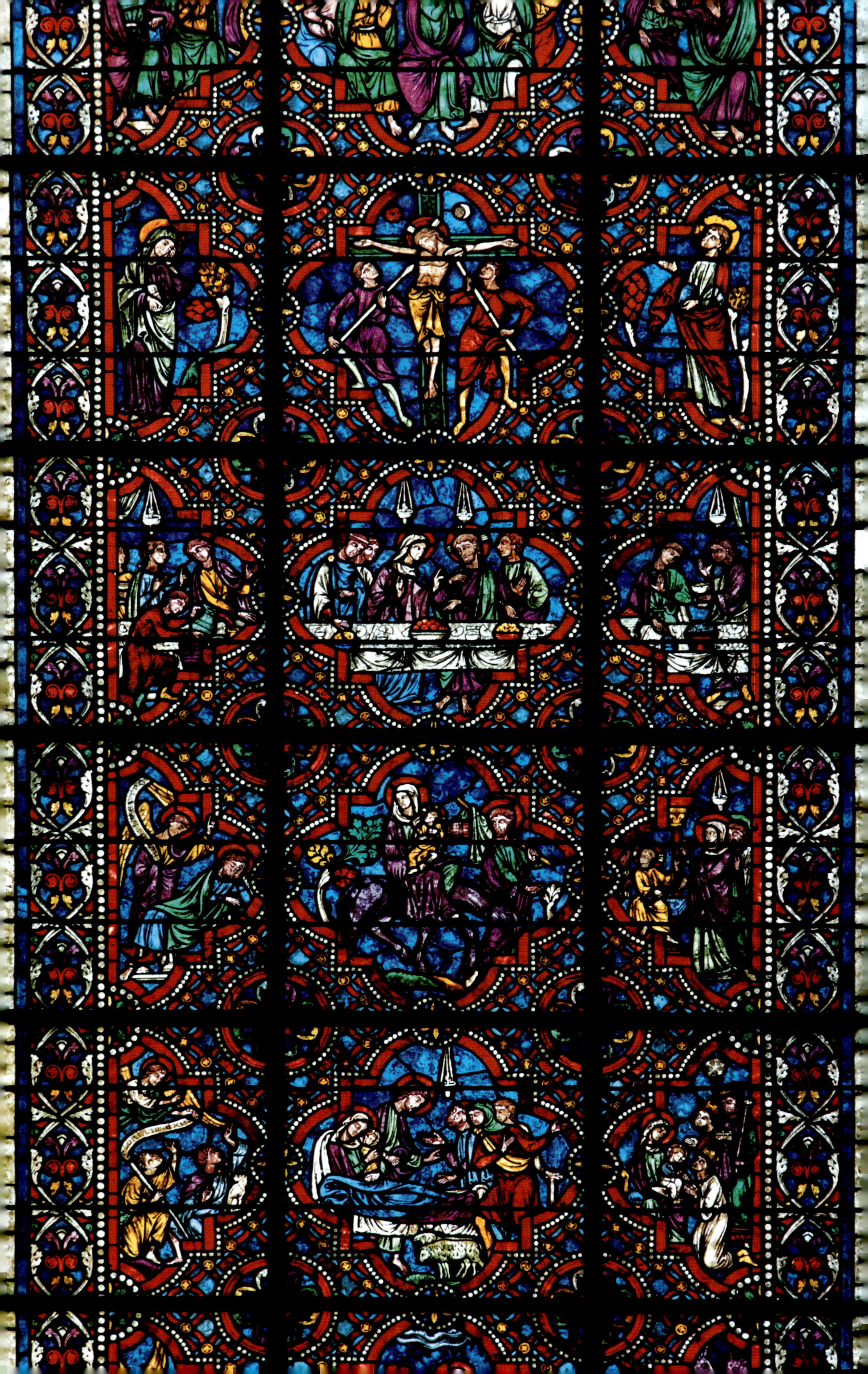

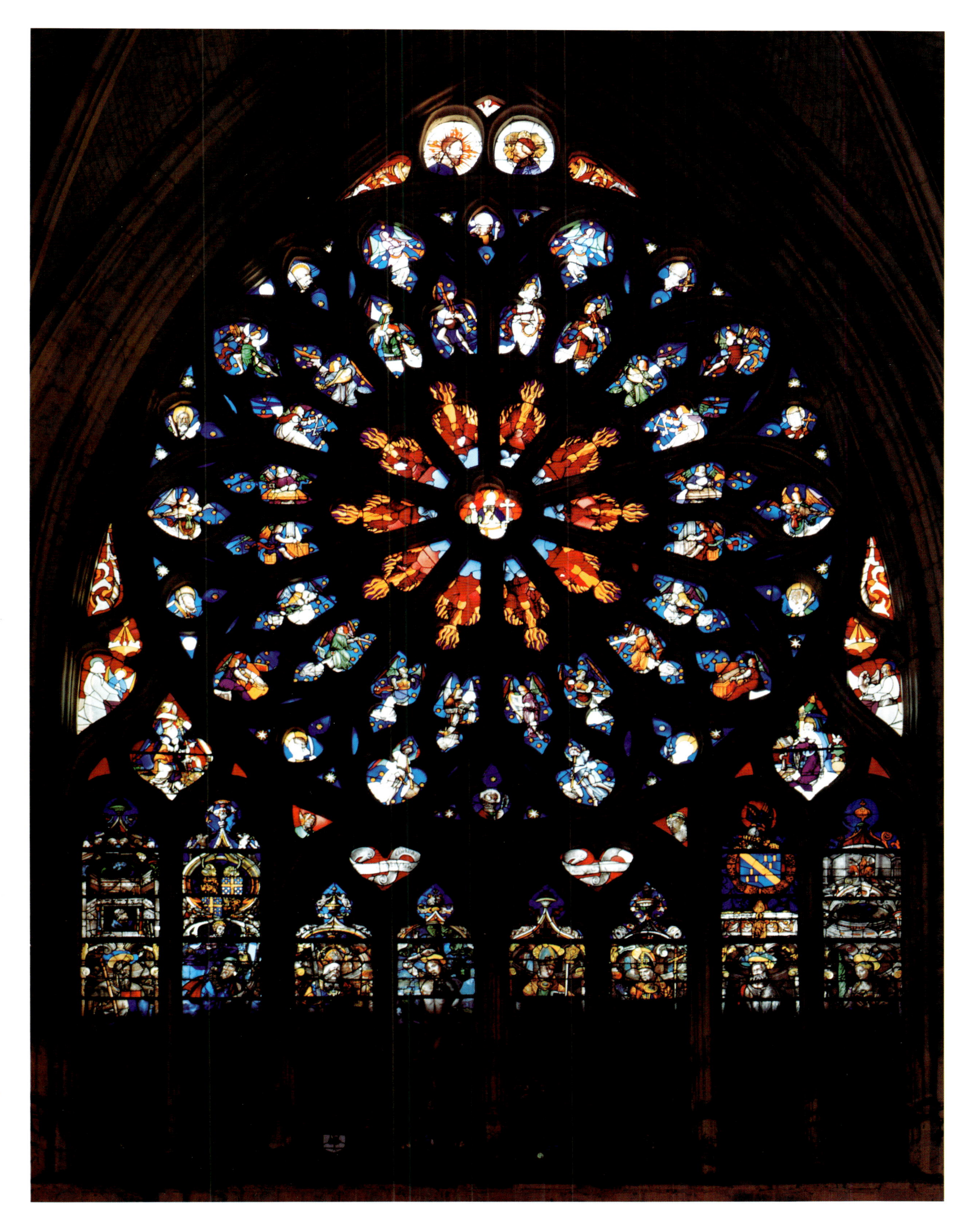

Auxerre, Kathedrale St-Etienne

232   Auxerre, ehemalige Abteikirche St-Germain

Dokumentation

S. 25-34
Tournus, ehem. Abteikirche St-Philibert

Im 9. Jahrhundert waren die Mönche des Klosters St-Philibert mit den Reliquien ihres Patrons von der Insel Noirmoutier aufs Festland geflüchtet. Nach jahrzehntelangem Herumirren wies ihnen Kaiser Karl der Kahle Tournus als neue Bleibe zu. Von dort mußten sie im 10. Jahrhundert noch einmal für zwölf Jahre (937-949) in die Auvergne fliehen, nachdem der Vorstoß der Ungarn bis nach Burgund geführt hatte.

Die Errichtung der ersten Abteikirche datiert in die 2. Hälfte des 10. Jahrhunderts; der Bau besaß einen Chor mit Umgang und Radialkapellen; nach einem Brand gab es zunächst 1007 notdürftige Restaurierungen. Ab etwa 1020 erfolgte ein vollständiger Neubau der Kirche, wobei man, abweichend vom üblichen Brauch des Mittelalters, von Westen nach Osten fortschritt; Fertigstellung mit der Errichtung des Chors im 12. Jahrhundert. Die Klosterbauten wurden bereits einige Jahre vor der Revolution abgebrochen. Im 20. Jahrhundert sind wiederholt Restaurierungen vorgenommen worden.

St-Philibert ist ein Gründungsbau der Romanik. Ihre heutige markante Gestalt mit den hochaufgehenden Türmen über der Vierung und auf der Nordseite der Westfassade (S. 25-27, 34) erhielt die Kirche erst im 12. Jahrhundert. Ältester Teil ist der Unterbau des Chors mit der Krypta aus dem späten 10. Jahrhundert (S. 26), eine der ältesten Anlagen eines Chores mit Umgang und Radialkapellen in der französischen Baukunst. Vorbild war vermutlich die vorromanische Kathedrale von Clermont-Ferrand, die gerade im Bau war, als sich die Mönche des Philibertklosters in der Auvergne befanden. Dem Turmstumpf der Nordseite wurde im 12. Jahrhundert der zweigeschossige hochromanische Glockenturm aufgesetzt; so sieht man hier im direkten Vergleich die Unterschiede zwischen den Prinzipien des ostromanischen und des westromanischen Kunstkreises. Der Quaderbau des letzteren ermöglicht eine vielgestaltige Gliederung und Aufbrechung der Wand.

Ältester Teil des Neubaus nach 1020 war der geschlossene Narthex im Westen; er ist zweigeschossig angelegt. Die drei Schiffe der Halle im Untergeschoß sind gleich hoch. Das Obergeschoß dagegen mit der Michaelskapelle ist basilikal gestuft (S. 30).

Das Langhaus der Kirche entstand um die Mitte des 11. Jahrhunderts. Ursprünglich war wohl ein offener Dachstuhl vorgesehen. Im Zuge einer Bauplanänderung entschloß man sich zur Einwölbung. Die Mauern und Säulen waren jedoch nicht stark genug, um dem horizontalen Schub einer Längstonne standzuhalten. Man legte deshalb über den Mittelschiffjochen kleine Quertonnen an, die sich gegenseitig abstützen, und schuf damit das erste sich selbst tragende Gewölbe der Nachantike. Die Seitenschiffe wurden mit Kreuzgraten überwölbt (S. 33). Trotz der ästhetisch wie statisch gelungenen Lösung hat das Wölbungsschema von St-Philibert praktisch keine Nachfolge gehabt. Der Grund dafür dürfte im liturgischen Bereich liegen: Die kleinen Transversaltonnen haben eine optisch retardierende Wirkung im Raumeindruck. Die Kirche des Mittelalters aber hat man sich im Sinne eines Prozessionsweges (entsprechend auch ohne Stühle) vorzustellen.

Der Kreuzgang wurde Ende des 18. Jahrhunderts weitgehend ein Opfer der Spitzhacke; lediglich der Nordflügel blieb erhalten, der sich an die Südseite der Abteikirche lehnt (S. 28, 29).

S. 35
Uchizy, ehem. Prioratskirche St-Pierre, Blick auf das südliche Querschiff, den Chor und den Vierungsturm

Obwohl das in Tournus kreierte Muster der Wölbung mit Transversaltonnen keine Nachfolge fand, übernahm eine ganze Gruppe von Bauten der näheren Umgebung andere Prinzipien, die für St-Philibert charakteristisch sind, nämlich den Bruchstein und die lombardischen Gliederungsformen. Uchizy belegt eindrucksvoll die nachhaltige Wirkung von St-Philibert: Auch bei diesem in der ersten Hälfte des 12. Jahrhunderts errichteten Bauwerk hielt man an dem damals bereits zum Anachronismus gewordenen Bruchstein fest.

Thorsten Droste

S. 36
Landschaft im Clunisois

Hinter der Kapelle von Maily aus dem 11. Jahrhundert und dem Herrenhaus aus dem 19. Jahrhundert sieht man auf der Weide Charollaisrinder, Burgunds wichtigste Rinderrasse, die ihren Namen nach der Stadt Charolles in Südburgund trägt.

S. 37-39
Chapaize, ehem. Prioratskirche St-Martin

Die zwischen Tournus und Cluny gelegene frühromanische Kirche entstand im Anschluß an den Narthex von St-Philibert in Tournus um 1030/40. Der Vierungsturm ist kraftvoll betont (S. 37). Der basilikale Innenraum wirkt archaisch (S. 39), Architekturdekoration etwa in Gestalt figürlicher Kapitelle, wie sie im 12. Jahrhundert üblich waren, kennt die frühe Romanik der ersten Hälfte des 11. Jahrhunderts noch nicht (S. 38). Die halbrunde Tonne des Mittelschiffs stürzte im 12. Jahrhundert ein und wurde durch eine zugespitzte Tonne nach dem Vorbild von Cluny III ersetzt. St-Martin ist in seiner Größe wie in seiner baulichen Gestalt mit der vormaligen Abteikirche Cluny II vergleichbar.

S. 40
St-Vincent-des-Prés, ehem. Prioratskirche St-Vincent, Ansicht von Südwesten

Die frühromanische Kirche des von St-Vincent in Mâcon abhängigen Priorats wurde im 11. Jahrhundert als dreischiffige Staffelhalle errichtet. Ihr dem Vorbild von Chapaize nachgebildeter Vierungsturm stammt aus dem frühen 12. Jahrhundert.

S. 41
Ameugny, ehem. Prioratskirche, Vierungsturm

Die kleine Kirche des Dorfes Ameugny entstand im anbrechenden 12. Jahrhundert und vertritt das für Burgund seltene bauliche Schema eines einschiffigen Saales. In dem Nachbarort Taizé befindet sich das von dem Schweizer Calvinisten Roger Schutz gegründete ökumenische Kloster, das vor allem von Vertretern der jüngeren Generation viel besucht wird.

S. 42
Brancion, romanische Kirche St-Pierre, Südseite mit Vierungsturm

Obwohl der Bau um die Mitte des 12. Jahrhunderts errichtet wurde, zeigt er Merkmale der frühromanischen Baukunst des 11. Jahrhunderts. Der Verzicht auf schmückende Details ist in dieser Zeit ungewöhnlich und läßt auf einen Einfluß des nahgelegenen (in der Revolution zerstörten) Zisterzienserklosters La Ferté schließen. Der Ort Brancion trägt den Titel »l'un des plus beaux villages de France«. Über ganz Frankreich verteilt gibt es 130 Dörfer, die diese Auszeichnung besitzen, sechs davon in Burgund. Unterhalb von St-Pierre liegt am Fuße des Hügels mit der Chapelle-sous-Brancion ein weiteres Denkmal der Romanik.

S. 43
Grevilly, romanische Kirche, Blick von Südwesten

Nur der Glockenturm stammt aus dem 12. Jahrhundert. Mit seiner massigen, gedrungenen Gestalt ist er ein typischer Vertreter dieser Bauform, die besonders im Clunisois und im Mâconnais verbreitet ist. Das Langhaus wurde in nachmittelalterlicher Zeit errichtet.

S. 44-51
Château de Cormatin

Das Schloß Cormatin im Clunisois ist einer der schönsten Renaissancebauten Burgunds. Es liegt inmitten eines weitläufigen Parks mit uraltem Baumbestand (S. 44-47) und ist von Wasser umgeben. Zwischen 1605 und 1608 ließ Antoine du Blé d'Uxelles das Gebäude an der Stelle eines mittelalterlichen Vorgängers errichten. Von den einst drei Flügeln sind zwei erhalten. Die Ausstattungsarbeiten waren 1625 beendet. Da Cormatin in der Revolution glimpflich davonkam, vermitteln die Innenräume mit ihrer reichen Ausstattung ein anschauliches Bild von der Wohnkultur des Feudalzeitalters im Übergang von der Renaissance zum »style classique« (S. 48-51) – der Begriff des Barock ist der französischen Kunstgeschichte so gut wie unbekannt.

Cormatin hat einige prominente Besitzer gehabt und deshalb auch den Besuch illustrer Gäste gesehen: Im 19. Jahrhundert besuchte der Dichter Alphonse de Lamartine die Schloßherren wiederholte Male. 1888 wurde auf

Cormatin der Autor Jacques de Lacretelle geboren (gest. 1985 in Paris). Zur Zeit der Belle Epoque gehörte das Schloß Raoul Gunsbourg, dem Direktor der Oper von Montecarlo. Er empfing auf Cormatin unter anderen Caruso und Massenet. In den Jahren seiner Präsidentschaft war der populäre François Mitterand mehrfach zu Besuch in Cormatin, mit dessen derzeitigen Besitzern ihn eine enge Freundschaft verband. Er schrieb auch das Vorwort des informativen Schloßführers.

S. 52-56
Berzé-la-Ville, romanische Kapelle Sts-Vincent-et-Laurent

Die kleine, in ländlicher Umgebung gelegene Kapelle am Übergang vom Clunisois zum Mâconnais (S. 56) besitzt den besterhaltenen Freskenzyklus der Romanik in Burgund. Ursprünglich war das gesamte Bauwerk ausgemalt; erhalten ist nur die Dekoration des Chores. Hier sind nicht nur die Wände und das Gewölbe, sondern auch die Säulen und deren Basen bemalt (S. 52, 53). Das Hauptthema, in der Gewölbezone dargestellt, ist die *traditio legis*, Christi Auftrag an Petrus zur Gründung der Kirche (S. 54, 55). An den Wänden sieht man die Martyrien der Kirchenpatrone Vinzenz und Laurentius. In den Zwickelfeldern der Blendarkaden im Chorrund erscheinen Brustbildnisse verschiedener Heiliger (S. 53).

Als Auftraggeber vermutet man Hugo von Semur, den Bauherrn von Cluny III, der sich wiederholt in das kleine Priorat zurückzog, um Abstand zu seinen vielfältigen Aufgaben zu gewinnen. Wahrscheinlich wurden die Bilder von Künstlern gemalt, die an der Ausstattung der Abteikirche in Cluny beteiligt waren. Daraus resultiert eine Datierung um 1100, da Hugo 1109 starb.

Das Bildprogramm ist stark kirchenpolitisch geprägt. Obwohl es 1054 zur Kirchenspaltung zwischen Rom und Byzanz gekommen war, sind hier Heilige der Ostkirche präsent. Die Bilder spiegeln also den Universalitätsanspruch der römisch-katholischen Kirche wider, konkret aber auch den Führungsanspruch Clunys, denn dessen Patrone Petrus und Paulus erscheinen links und rechts von Christus an prominenter Stelle. Da das Papsttum Ende des 11. Jahrhunderts in den Investiturstreit mit dem deutschen Kaiser verstrickt war und im Ansehen der Öffentlichkeit schweren Schaden erlitten hatte, sahen damals viele in Cluny das neue Zentrum der Christenheit – ein Anspruch, den man in Cluny mit dem Bau der größten Kirche der Welt tatkräftig unterstrich. Heute steht von dem stolzen Bauwerk nach der Sprengung im frühen 19. Jahrhundert nur noch ein klägliches Fragment.

S. 57
Berzé-le-Châtel, Wehrburg

Es handelt sich um eine der mächtigsten Burganlagen des Mittelalters in Burgund mit Bauteilen vom 12. bis 15. Jahrhundert. Die Burgherren hatten die Kontrolle über den Weg, der von Mâcon nach Cluny führt.

S. 58-67
Bourg-en-Bresse, ehem. Stiftskirche der Augustiner-Chorherren im Vorort Brou

Bourg-en-Bresse liegt in Burgunds südöstlicher Nachbarlandschaft Bresse. Die geographische Nähe und die historische Verbindung mit Burgund rechtfertigen jedoch den Abstecher, deren Ziel die Klosterkirche in dem Vorort Brou ist, ein Meisterwerk der Spätgotik. Auftraggeberin war Margarete von Österreich (vgl. S. 20). Nach dem frühen Tod ihres ersten Mannes, des spanischen Infanten Juan, heiratete sie den Grafen der Bresse und Herzog von Savoyen, Philibert den Schönen. Nach dessen Tod – er kam 1503 bei einem Jagdunfall ums Leben – ließ die Witwe die Kirche von Brou als Grabbau errichten. Die Bauleitung hatte zunächst Jean Perréal, der von dem Niederländer Leuys van Boghem abgelöst wurde. Die Grabmonumente schuf Konrat Meit aus Worms. Die Arbeiten wurden 1532 abgeschlossen, nachdem die Auftraggeberin bereits zwei Jahre zuvor gestorben war. Für die Fertigstellung trug ihr Neffe, Kaiser Karl V., Sorge.

Obwohl im frühen 16. Jahrhundert errichtet, ist die Kirche in ihrer Architektur noch ganz der Spätgotik verpflichtet. Ein Lettner trennt den Raum der Laien gegen den Chor. Er ist filigran verziert und trägt sechs Heiligenstatuen und eine Christusfigur (S. 58, 59).

Ihren Ruhm verdankt die Kirche vor allem ihrer Ausstattung. Im Chor sind drei Gräber aufgestellt (S. 64). In dem

Thorsten Droste

Wandgrab rechts, das von einer Gruppe namentlich nicht bekannter Niederländer gearbeitet wurde, ruht Margarete von Bourbon, die Schwiegermutter der Margarete von Österreich. In der Mitte ist frei im Raum das Grab Philiberts des Schönen plaziert, während sich das Baldachingrab der Auftraggeberin an den letzten linken Pfeiler lehnt. Diese beiden Denkmäler stammen von der Hand Konrat Meits. Die Idee Sluters, den massiven Katafalk optisch aufzubrechen, hat Meit aufgegriffen und fortgeführt. Die beiden Katafalke bestehen aus Säulen, so daß man in das Innere blicken kann. Hier liegen Margarete und Philibert im Totenhemd, jugendlich schön porträtiert. Als Gisant darüber sieht man sie ein zweites Mal, in prächtiger Gewandung aufgebahrt, wobei Margaretes Züge dem Alter entsprechen, das sie bei ihrem Tode 1530 tatsächlich hatte, während es sich bei Philibert um ein fiktives Porträt handelt, da der Herzog im Alter von 25 Jahren verstorben war (S. 62). In diesen Bildnissen artikuliert der Künstler erstmals in Formen der Renaissance. An den Säulen stehen Frauenstatuetten, die als Sibyllen gedeutet wurden (S. 63). Sie sind von höfischer Eleganz und huldigen in nostalgischer Rückschau noch einmal dem Ideal der spätgotischen Gewandfigur mit verspielter Drapierung der Kleidung.

Meisterschöpfungen sind auch die farbigen Fenster im Chor und in den Seitenkapellen. Sie wurden von Lyoneser Künstlern hergestellt und sollen nach Entwürfen Albrecht Dürers entstanden sein. Sicher ist nur, daß sich Dürer in der Zeit, als in Brou die Bauarbeiten begannen, zeitweilig am Hof Margaretes in Mecheln aufgehalten hat. Die selbstbewußte Stifterin hat sich auch hier gleich zweimal verewigen lassen, einmal im Chor (S. 65), ein weiteres Mal in der linken Seitenkapelle (S. 67). Das Hauptthema der Fenster ist der Triumph des Lebens und der Liebe über den Tod, verdeutlicht in verschiedenen Erscheinungen Christi. Im Chor: Christus erscheint seiner Mutter und Noli me tangere; in der sogenannten Gorrevod-Kapelle links vom Lettner: Der ungläubige Thomas (S. 66).

Die kostbare Ausstattung wird durch den aus Alabaster gearbeiteten Altar mit den Sieben Freuden Mariens in der linken Kapelle des Chores abgerundet (S. 60). Dargestellt sind: Verkündigung, Heimsuchung (S. 61), Geburt, Anbetung der Könige, der auferstandene Christus erscheint Maria, Pfingsten und als zentrale Szene in der Mitte die Himmelfahrt der Muttergottes.

S. 68, 69
Malay, romanische Kirche Notre-Dame

Die Ostteile der nördlich von Cormatin gelegenen Kirche mit Chor, Querhaus und Vierung (S. 68) entstanden in den letzten Jahren des 11. Jahrhunderts. Nach einer längeren Unterbrechung wurde das dreischiffige Langhaus erst Mitte des 12. Jahrhunderts errichtet (S. 69).

S. 70, 71
Ougy, ehem. Prioratskirche

Die kleine romanische Kirche von Ougy im nördlichen Clunisois entstand in der ersten Hälfte des 12. Jahrhunderts. Der Verzicht auf Baudekor bringt es mit sich, daß die Sprache der Architektur und ihrer klar gezogenen Linien im Vordergrund der Gesamtwirkung steht. Wie im Fall von St-Pierre in Brancion ist die Schmucklosigkeit wohl mit der Nachbarschaft des Zisterzienserklosters La Ferté zu erklären.

S. 72, 73
Paray-le-Monial, ehem. Klosterkirche Sacré-Cœur

Die Kirche von Paray-le-Monial vermittelt authentischer als jeder andere von der cluniazensischen Schule abhängige Bau das Aussehen der zerstörten Abteikirche Cluny III, wenn auch in einer gegenüber dem Vorbild deutlich verkleinerten Version. Der Chor des in der ersten Hälfte des 12. Jahrhunderts errichteten Bauwerks zeigt eine ausgewogene pyramidale Staffelung, mit der sich zugleich eine symbolische Vorstellung verbindet (S. 72): Die niedrigsten Raumkörper von Radialkapellen und Chorumgang sind den Laien zugewiesen, das erhöhte Chorhaupt ist der Platz der Mönche, die sich als Mittler zwischen Gott und den Menschen verstanden, der Vierungsturm symbolisiert Christus.

Der Innenraum (S. 73) zeigt die für die Bauten der Cluniazenser charakteristische Vertikalbetonung, den dreigeschossigen Aufriß mit Arkade, Triforium und Obergaden sowie die Zuspitzung der Bögen und des Mittelschiffgewölbes der dreischiffigen Basilika.

Die Kirche blieb während der Revolution unangetastet und wurde im 19. Jahrhundert aufgrund der Visionen, die hier im 17. Jahrhundert die selige Marguerite-Marie Alacoque wiederholt gehabt hat, zum Zentrum der Herz-Jesu-Verehrung in Frankreich.

S. 74-77
Perrecy-les-Forges, romanische Kirche Sts-Pierre-et-Benoît

Das Bauwerk (S. 74) besteht aus vier zeitlich heterogenen Teilen: dem ungewölbten Langhaus aus der ersten Hälfte des 12. Jahrhunderts, dessen nördliches Seitenschiff später abgebrochen wurde; dem Querhaus aus der Zeit um 1095, von dem nur noch der nördliche Arm existiert; der Vorhalle (S. 75) mit dem mehrgeschossigen Glockenturm darüber (S. 76, 77), die um 1120/30 entstand; und schließlich dem Chor, welcher im 15. Jahrhundert in gotischen Formen neu erbaut wurde.

Bedeutender als die Architektur ist das Portal (S. 75). Das Tympanon mit der Darstellung Christi in einer Mandorla, von Engeln getragen, vertritt in seiner strengen Linienführung mustergültig den sogenannten Kantenstil, die Passionsszenen im Architrav (Judaskuß, Gefangennahme, Christus vor Pilatus, Petri Reue) stehen in ihrer ausdrucksstarken Bewegung dagegen exemplarisch für den »barocken Spätstil« der burgundischen Skulptur. Beide Teile stammen von unterschiedlichen Künstlern und sind vermutlich erst zu verschiedenen Zeiten entstanden (Tympanon um 1130, Architrav um 1140/50).

S. 78-81
Gourdon, romanische Kirche Notre-Dame

Der im ersten Viertel des 12. Jahrhunderts errichtete Bau ist eine Zwittererscheinung, in der Formen aus den beiden in Burgund in romanischer Zeit nebeneinander bestehenden Bauschulen zusammengefunden haben. Die Gestalt der massigen kantonierten Pfeiler (S. 78) und die halbrunden Bögen und Kreuzgratgewölbe im Langhaus der Basilika (S. 79) korrespondieren mit dem Vorbild von Anzy-le-Duc, der dreigeschossige Aufriß mit einem Blendtriforium als Bindeglied zwischen Arkade und Obergaden (S. 78) und die Gewölbezuspitzung im Vierungsbereich und im Chor (S. 80, 81) leitet sich dagegen von Cluny III ab. Im Chor befinden sich romanische Fresken des 12. Jahrhunderts (S. 80, 81). In der Halbkuppel der Apsis ist eine Majestas Domini dargestellt, darunter Heilige, an den seitlichen Wänden Reste von Aposteln und das Fragment einer Verkündigung.

S. 82, 83
Château de la Clayette

Das südliche Charollais besitzt im Übergang zum Brionnais neben seinen Denkmälern der Romanik eine Fülle an Bauten des Feudalzeitalters, viele davon sind weitgehend unbekannt. Das Schloß am Rand des Städtchens La Clayette, das seiner Wohlstand über Jahrhunderte aus dem Holzhandel bezog, entstand in drei Etappen. Den Kern der Anlage bilden Bauteile aus dem 13. Jahrhundert. Um 1380 wurde die Burg zu ihrer heutigen rechteckigen Gestalt erweitert (S. 82). Nach einem Besitzerwechsel erfolgte nach 1435 die Anlage des Wehrgangs mit den Türmchen am Torturm (S. 83). Die schweren Zerstörungen vor allem in der Revolutionszeit hatten 1830 eine tiefgreifende Sanierung zur Folge, die fast schon einem Neubau gleichkam.

S. 84-87
Château de Drée

Das in Privatbesitz befindliche und bewohnte Schloß bei La Clayette wurde um 1620 errichtet. Die Auffahrt flankieren zwei Zedern, die dort im 18. Jahrhundert gepflanzt wurden (S. 84). Am Rande des Schloßparks steht ein gedrungener oktogonaler Turm, der ursprünglich als *Pigeonnier* (Taubenturm) diente (S. 85). Im 18. Jahrhundert waren derartige Türme Ausdruck der sozialen Hierarchie und des Prestigedenkens. Während sich der Adel mächtige Türme leistete, standen den Bürgern und Bauern nur kleinere Türme für ihre Tauben zu. Das Schloß selbst (S. 86, 87) zeigt eine nüchterne Erscheinung und macht exemplarisch deutlich, daß der Terminus »style classique« für die Kunst des 17. Jahrhunderts in Frankreich weitaus treffender ist als der Begriff »Barock«.

Thorsten Droste

S. 88, 89
Château de Rambuteau

Das gleichfalls nahe bei La Clayette gelegene Schloß von Rambuteau stammt aus derselben Epoche wie das Château de Drée und ist wie jenes ein Paradebeispiel für den »style classique«. Die Rundtürme, die die Vorderansicht des Wohntraktes flankieren (S. 88), sind aus der Gestalt mittelalterlicher Wehrtürme hervorgegangen. Zur Parkseite wurden die Flankentürme über quadratischem Grundriß errichtet (S. 89), so daß hier ein noch engerer Zusammenhang mit der Architektur von Drée erkennbar wird.

S. 90–92
Bois-Ste-Marie, romanische Kirche Notre-Dame

Die Kirche, die zu einem cluniazensischen Priorat gehörte, entstand in der ersten Hälfte des 12. Jahrhunderts. Sie zeigt Elemente beider romanischer Bauschulen Burgunds. Aus der von dem Kirchenbau in Anzy-le-Duc begründeten Tradition leitet sich der zweigeschossige Aufriß in der Hochschiffwand der dreischiffigen Basilika ab (S. 91), die Zuspitzung des Gewölbes dagegen hängt mit Cluny III zusammen. Die Ostteile (S. 90) zeigen ein kaum über das Langhaus fluchtendes Querschiff, einen mächtigen Vierungsturm und einen Chor mit Umgang, der allerdings keine Radialkapellen besitzt. Die Kapitelle mit Blattornamenten, Tierdarstellungen und Menschenköpfen (S. 92) weisen eine für das frühe 12. Jahrhundert merkwürdig altertümliche Schlichtheit auf, die sich wohl aus der engen Anlehnung an Vorbilder in Anzy-le-Duc erklärt.

S. 93
St-Bonnet-de-Cray, Vierungsturm der romanischen Kirche

Nur der Chor und der Vierungsturm der kleinen Kirche entstammen dem 12. Jahrhundert. Die tiefe Stufung der Klangarkaden in das Mauerwerk kündet vom Siegeszug des westromanischen Einflusses im 12. Jahrhundert. Das Langhaus wurde im 19. Jahrhundert neu errichtet.

S. 94–97
Anzy-le-Duc, ehem. Prioratskirche Ste-Trinité, Ste-Croix-et-Ste-Marie

Die Kirche von Anzy-le-Duc ist einer der Schlüsselbauten der burgundischen Architektur am Übergang von der Früh- zur Hochromanik. Der Baubeginn datiert in die zweite Hälfte des 11. Jahrhunderts. Zum Abschluß kamen die Arbeiten erst im anbrechenden 12. Jahrhundert. Der Aufriß der Hochschiffwand der dreischiffigen Basilika ist zweigeschossig. Die fünf Joche des Mittelschiffs werden von Kreuzgratgewölben überfangen, die durch stark betonte Gurtbögen voneinander getrennt sind (S. 95). Dieses Muster fand vor allem in den südlichen Landesteilen von Burgund Verbreitung, hat aber auch den Bau von Ste-Madeleine in Vézelay beeinflußt. Die Architektur ist geradezu als Gegenpol zu Cluny III zu verstehen. Anstatt des für Bauten der cluniazensischen Schule bezeichnenden Höhenstrebens zeigt die Kirche von Anzy-le-Duc eine ausgewogene Harmonie zwischen Höhe und Breite. Einen beherrschenden Vertikalakzent setzt lediglich am Außenbau der mehrgeschossige oktogonale Vierungsturm, einer der schönsten Burgunds, dessen Aufbrechung in zahlreiche Klangarkaden darüber Aufschluß gibt, daß er erst in einem zweiten Bauvorgang im 12. Jahrhundert entstand (S. 94).

Die Ostpartie zeigt ein bauliches Muster, wie es für Cluny II belegt ist und mit der Errichtung von Cluny III außer Mode kam. An das weit ausladende Querschiff schließen fünf Kapellen an (in Cluny II waren es sogar sieben), die vom Chor im Zentrum zu den Seiten an Tiefe abnehmen. Dieser Stufung wegen spricht man von einem »Staffelchor«, daneben ist der Begriff des »benediktinischen Chores« gebräuchlich.

Ebenso wie die Architektur stellt auch der Kapitellzyklus der Kirche (S. 96, 97) einen Meilenstein in der Kunstgeschichte Burgunds dar. Er ist der erste seiner Art in der burgundischen Romanik überhaupt und zugleich der umfangreichste in einer Kirche des 11. Jahrhunderts in Frankreich. Die Werke dieser Zeit zeigen eine gewisse Schlichtheit und besitzen noch nicht das Raffinement, das gerade die burgundische Skulptur in der Zeit zwischen 1120 und 1150 entfaltete. Die überwiegende Zahl der Kapitelle zeigt vegetabilen Dekor. Daneben sieht man aber auch szenische Darstellungen mit Tieren und Menschen. Derb geht es am letzten Pfeiler der linken Langhausseite zu, wo sich zwei Raufbolde in den Haaren liegen (S. 96). Künstlerisch niveauvoll ist die Szene mit dem Kampf Samsons gegen den Löwen am zweiten Pfeiler der linken Seite (S. 97). Hier hat der Bildhauer schon ein gutes Maß von dem Schwung und der Beweglichkeit erreicht, die für die burgundische Skulptur des 12. Jahrhunderts zum unverwechselbaren Erkennungsmerkmal werden sollte. Zu erwähnen sind auch die Tympana, die aus dem 12. Jahrhundert stammen. Eines mit einer Majestas Domini befindet sich im Westportal, ein zweites mit Darstellungen des Sündenfalls und der Anbetung der Könige ist in die südliche Klostereinfriedung eingelassen, ein drittes schließlich - wieder mit einer Christusdarstellung - gelangte in das Musée Hiéron in Paray-le-Monial.

S. 98-102
Semur-en-Brionnais, ehem. Prioratskirche St-Hilaire

Abt Hugo von Semur, der Erbauer von Cluny III, wünschte auch am Ort seiner Herkunft eine standesgemäße Kirche. Der Bau aus den ersten Jahrzehnten des 12. Jahrhunderts ist klein und auf die Bedürfnisse eines abgelegenen Priorats zugeschnitten, in seiner baulichen Erscheinung aber von hohem Anspruch. Die Ostpartie besteht aus einer Dreiapsidenanlage, dem Querschiff und einem Vierungsturm, dessen oberes Geschoß erst im späten 12., vielleicht auch erst im frühen 13. Jahrhundert aufgestockt wurde (S. 98).

Während der Außenbau keine Gemeinsamkeiten mit Cluny III erkennen läßt, präsentiert sich der Innenraum (S. 99) als ein klassischer Vertreter der cluniazensischen Bauschule. Die Hochschiffwand der dreischiffigen Basilika zeigt den kennzeichnenden dreigeschossigen Aufriß, die Arkaden sind im Scheitel zugespitzt. Ursprünglich war auch das Mittelschiffgewölbe zugespitzt. Nach einem Einsturz wurde im 19. Jahrhundert eine halbrunde Tonne errichtet. Ferner besitzt die Kirche ein Detail, das durch Quellen auch für Cluny III verbürgt ist: An der inneren Westwand wölbt sich eine halbrunde Sängerkanzel in den Raum. Auf ihr waren vermutlich Mönche postiert, die echoartig auf den Gesang ihrer Confratres im Chor antworteten – ein erster Schritt in Richtung auf die Polyphonie, die erst die Gotik entwickeln sollte. Die antikischen Ornamente und die originellen Konsolfiguren (S. 102) sind ebenfalls von Cluny inspiriert.

Die Reliefs in Tympanon und Architrav des Westportals wirken altertümlich (S. 100). Ihr hohes Maß an Plastizität aber und der überbordende Ornamentschmuck der Rahmenteile (S. 101) machen unmißverständlich klar, daß es sich um Äußerungen der späten Romanik handelt, die um 1150 oder danach entstanden sind. Burgund hatte in dieser Zeit den großen schöpferischen Elan der Romanik verloren. Im Tympanon sieht man erneut die Majestas Domini, im Architrav Szenen aus dem Leben des hl. Hilarius von Poitiers, dem die Kirche geweiht ist. Links thronen die arianisch gesonnenen Bischöfe des Konzils von Biterrae, die Hilarius wegen seines Eintretens für die Orthodoxie in die Verbannung schickten. In der Mitte erscheint ein Engel dem Heiligen, um ihm mitzuteilen, daß die Zeit des Exils bald zu Ende gehe; rechts sieht man erneut die häretischen Bischöfe, die nun von Teufeln ergriffen und gepeinigt werden.

S. 103-105
Iguerande, romanische Kirche St-André

Die Kirche entstand in den ersten Jahren des 12. Jahrhunderts und gehört damit zu den Gründungsbauten der Hochromanik in Burgund. Die Ostpartie (S. 103) besitzt eine gedrungene, massige Gestalt. Eine Besonderheit ist die Form der Giebel am Chorhaupt und an den Querschiffarmen: Sie erheben sich leicht über das dahinter befindliche Dach – ein Charakteristikum der Kirchen der Auvergne, deren Bauschule damit auf den Bau vor St-André Einfluß genommen hat. Die Querschiffarme fluchten ungewöhnlich weit zu den Seiten (S. 103, 104). Der Kapitelldekor des nur drei Joche tiefen Langhauses (S. 105) steht in der Nachfolge des Baus von Anzy-le-Duc, artikuliert sich jedoch in einer nuancenreicheren Behandlung des Steins.

S. 106–111
Charlieu, ehem. Priorat St-Fortunat

Die von Cluny II abhängige Kirche aus dem späten 11. Jahrhundert wurde während der Revolution vollständig abgetragen. Man ließ lediglich ihre Westwand und den Narthex stehen. An dessen Westseite hat sich noch das alte Kirchenportal erhalten. Um 1090 datiert, ist es einer der ersten Vertreter des Stufenportals. Rund ein halbes Jahrhundert später entstand der skulpturale Dekor der Nordseite des Narthex mit Hauptwerken jener späten Stilstufe, die man mit dem Begriff des »barocken Spätstils« belegt hat. Im Tympanon des Hauptportals erscheint das in Burgund traditionelle Motiv der Majestas Domini; im Architrav sieht man die stark beschädigten Gestalten der Apostel, Marias und zweier Engel. Im Scheitel der Stirnarchivolte ist ein Agnus Dei angebracht (S. 106, 107). Das hohe Maß an Plastizität, der dynamische Schwung der Gewänder sowie der Körperhaltung etwa der beiden die Mandorla tragenden Engel erreicht ein Höchstmaß expressiver Bewegtheit. Signifikant für den *horror vacui* der zu Ende gehenden Romanik ist die Fülle der ornamentalen Details in den Rahmenteilen (S. 106–109).

Neben dem Hauptportal befindet sich rechts ein kleineres Seitenportal mit weiteren Werken desselben Meisters. Im Tympanon (S. 108) werden zwei biblische Ereignisse kompiliert: Es ist nämlich sowohl die Hochzeit zu Kana (darauf weist der Diener hin, der rechts das Wasser in die Krüge füllt) als auch das Abendmahl gemeint (erkennbar daran, daß der Verräter Judas vor dem Tisch sitzt und von der Gruppe der Apostel separiert erscheint). Die bewegte Gruppe im Architrav wird als Darstellung alttestamentlicher Opferszenen gedeutet, ein typologischer Hinweis auf den Opfertod des Herrn, der sich in der Abendmahlsdarstellung darüber ankündigt. In der Archivolte erkennt man dank der Beischriften die Verklärung Christi auf dem Berg Tabor mit den Propheten Elias und Moses sowie den Aposteln Petrus, Johannes und Jakobus.

Im 14. Jahrhundert erhielt das Priorat einen gotischen Kreuzgang, der noch in Teilen steht (S. 111). Während die romanischen Kreuzgänge gerade der Cluniazenser oftmals aufwendig mit figuralen Kapitellen geschmückt erscheinen (das prächtigste und zugleich am besten erhaltene Beispiel ist der Kreuzgang von Moissac in Südwestfrankreich), hat man in der Gotik auf dergleichen vollständig verzichtet. Der Typus des Figurenkapitells ist ursächlich an die Epoche der Romanik gekoppelt und verschwand seit dem Ende des 12. Jahrhunderts aus dem Repertoire der europäischen Kunst. Die Aufnahme zeigt den Blick vom gotischen Kreuzgang in den romanischen Kapitelsaal.

S. 112–115
Charlieu, ehem. Franziskaner-Kloster

Am Ortsrand von Charlieu gründeten die Franziskaner Mitte des 13. Jahrhunderts mit ausdrücklicher Billigung des Papstes ein Kloster, das den Benediktinern von St-Fortunat ein Dorn im Auge war. Es kam zum offenen Streit und sogar zu Handgreiflichkeiten. Die Mönche von St-Fortunat wurden daraufhin exkommuniziert. Zur Beilegung des Konflikt kam es erst nach wiederholten päpstlichen Interventionen. Der Bau des Klosters verzögerte sich dadurch und wurde erst 1280 in Angriff genommen. 1386 brannten die Engländer das Kloster nieder, das ab Ende des 14. Jahrhunderts vollständig neu errichtet wurde. Aus dieser Zeit stammt der Kreuzgang (S. 112/113), der vollständig erhalten ist und zu den schönsten Äußerungen der Spätgotik in Burgund zählt. Da die Kapitelle seiner zierlichen Säulen Knospen und Blätter zeigen, wie sie für die Gotik seit dem frühen 13. Jahrhundert typisch waren, wirkt er freundlicher als der gleichzeitig entstandene, gänzlich schmucklose und darum etwas trocken anmutende Kreuzgang von St-Fortunat.

Die schlichte Saalkirche (S. 114) belegt die strikte Einhaltung des Armutsideals des hl. Franziskus von Assisi. Auch der Verzicht auf ein Gewölbe ist in diesem Sinne zu verstehen. Der Dachstuhl (S. 115) beschreibt die Form eines auf den Kopf gestellten Schiffes.

S. 116–119
Nevers, frühromanische Kirche St-Etienne

Die nachfolgenden Denkmäler bis einschließlich St-Révérien führen in die Landschaft Nivernais an der Westflanke Burgunds, die nur während der

Zeit der Großen Herzöge zu Burgund gehörte und danach zuerst selbständige Grafschaft, ab dem 16. Jahrhundert ein eigenes Herzogtum war. Seit 1972 gehört das Département Nièvre zur Region Bourgogne.

St-Etienne wurde zwischen 1063 (Grundsteinlegung) und 1097 (Weihe) errichtet. Die Ostteile (S. 116) steigen mit Radialkapellen, Chorumgang, Chorhaupt, Querschiffarmen und gedrücktem Vierungsturm kraftvoll übereinander auf. Die Abstufung besitzt noch nicht jene perfekte Ausgewogenheit, die man später in Paray-le-Monial erreichte. Ungewöhnlich ist die kleine Zwerggalerie am Chorhaupt, die sich aus der Mitwirkung eines lombardischen Baumeisters erklären ließe. Auch sonst zeigt St-Etienne Motive, die anderen Kunstlandschaften entlehnt sind. Das Emporengeschoß im basilikalen Langhaus (S. 118) ist aus der Normandie übernommen. Der Baukunst der Auvergne sind die Schwibbögen in den Querschiffarmen entlehnt (S. 117). Das Motiv des Blendtriforiums im Chor (S. 119) – drei Jahrzehnte vor Cluny III – stammt wiederum aus der Normandie, wo in einigen Schlüsselbauten (z. B. Ste-Trinité in Caen) anstelle einer Empore ein Triforium erscheint.

S. 120
Jailly, ehem. Prioratskirche

Die im 12. Jahrhundert errichtete Kirche von Jailly ist heute nur noch ein Fragment. In der Revolution wurde das Langhaus zerstört. Erhalten blieben ein Teil des Chores, das Querschiff und als markantester Baukörper der von Cluny III beeinflußte oktogonale Vierungsturm.

S. 121
St-Saulge, Fenster im rechten Seitenschiff der spätgotischen Kirche

Die Kirche St-Saulge besitzt noch einen vollständig erhaltenen Zyklus farbiger Fenster, die zwischen 1546 und 1559 entstanden sind. Die Abbildung zeigt die Darstellung der Wurzel Jesse, ein Thema, das seit der Errichtung der Westteile der Kathedrale in Chartres fest zum Repertoire gotischer Glasmalerei zählte.

S. 122-125
St-Révérien, ehem. Prioratskirche St-Révérien

Die Kirche wurde im zweiten Viertel des 12. Jahrhunderts errichtet. 1723 zerstörte ein Feuer einen Großteil des Gebäudes. Besonders betroffen war das Langhaus, das im 19. Jahrhundert praktisch von Grund auf neu entstand (S. 122). Kunstgeschichtlich bedeutsam sind deshalb heute nur noch die figürlichen Kapitelle, vor allem jene im Chor mit Darstellungen von Tieren (S. 123), Pflanzen und biblischen Szenen. Bei der Rekonstruktion im 19. Jahrhundert wurden einige Kopien angefertigt (S. 124, 125).

S. 126-137
Autun, Kathedrale St-Lazare

Im Jahr 1120 ließ der fünfzigste Bischof von Autun, der hochgebildete Etienne de Bagé, den Grundstein zur Lazaruskirche legen. In Autun gab es mit der Kirche St-Nazaire bereits eine Bischofskirche. St-Lazare war als Wallfahrtskirche gedacht. Bereits seit dem 8. Jahrhundert besaß man die Reliquien des hl. Lazarus, an dem Christus sein letztes Wunder gewirkt hatte, indem er ihn vom Tode erweckte. Seine sterblichen Überreste wurden beim Einfall der Araber in Südfrankreich nach Burgund verbracht. Offenbar blieben die Reliquien jedoch anfangs weitgehend unbeachtet. Erst als man sah, wie die Pilger in hellen Scharen nach Vézelay zogen, wo die Reliquien der Magdalena, der Schwester des Lazarus, aufbewahrt wurden, entstand der Wunsch, Autun gleichfalls zu einem Wallfahrtsziel zu machen. Irrtümlicherweise meinte man damals, daß Lazarus von Bethanien identisch sei mit jenem armen Lazarus, von dem Jesus in einem seiner Gleichnisse gesprochen hat. Er beschreibt ihn darin mit schwärenden Wunden an den Beinen, die man im Mittelalter als Symptome der Lepra interpretierte. So kam es, daß Lazarus zum Patron der Leprösen wurde, die in großer Zahl auf Heilung hoffend nach Autun pilgerten.

Zwischen 1120 und 1146, dem Datum der Kirchenweihe, schuf Meister Gislebertus, den Etienne de Bagé vermutlich aus Vézelay abgeworben hatte, unterstützt von Gehilfen das Nordportal,

Thorsten Droste

den umfangreichen Kapitellzyklus im Innern der Kathedrale und das Westportal: Glanzleistungen der romanischen Bildhauerkunst. Das im 18. Jahrhundert zerstörte Nordportal – Reste, darunter die berühmte Figur der liegenden Eva (Abb. S. 2) im benachbarten Musée Rolin – war der Haupteingang zur Kirche und zeigte im Tympanon vermutlich die Darstellung der Auferweckung des Lazarus. Hier gingen die Gesunden ein und aus. Die Leprakranken hingegen, die den Innenraum der Kirche nicht betreten durften, bestiegen über eine kleine seitliche Stiege eine schmale Plattform vor dem Westportal (S. 127), von wo sie bei geöffneten Türen den mehr als sechs Meter hohen Schrein mit den Reliquien ihres Schutzheiligen im Chor sehen konnten. Die heutige breite Treppe wurde ebenso wie die Türme der Westseite und die Trumeaufiguren (S. 126) im 19. Jahrhundert errichtet. Um die Vorstellung von der Situation des 12. Jahrhunderts zu vervollständigen ist festzuhalten, daß sich unterhalb des Westportals der Friedhof der Domkanoniker befand. Das Weltgerichtsportal des Meisters Gislebertus, dessen Künstlersignatur zu Füßen Christi angebracht ist, richtete sich demnach einerseits an die Leprösen und andererseits an die Verstorbenen. Obwohl der Künstler gerade auf der Seite der Verdammten seine Begabung zu drastischer Aussage unter Beweis stellt, lassen einige Details den tiefen Humanismus des Auftraggebers und des Bildhauers erkennen. Erst die gotischen Weltgerichtsportale gingen zu strenger Dogmatik über und führten die Qualen der Hölle in aller Drastik aus. Dieses Portal hingegen will dem von Leiden besonders betroffenen Gruppe von Menschen Zuversicht spenden.

Als Viollet-le-Duc im 19. Jahrhundert Restaurierungsarbeiten innerhalb der Kirche durchführte, war unter anderem eine Verstärkung der Vierungspfeiler erforderlich. In dem Zusammenhang wurden einige Kapitele abgenommen, die jetzt in einem höher gelegenen Raum untergebracht sind, den man vom Chor aus über eine Treppe erreicht. Die Abbildungen (S. 134, 135) zeigen folgende Szenen: Traum der Könige, Flucht nach Ägypten, Selbstmord des Judas, Gott stellt den Brudermörder Kain zur Rede sowie einen Ausschnitt aus der Fluchtszene. Die Beispiele machen die unerhörte Bandbreite der Ausdrucksmöglichkeiten des Künstlers deutlich. Während die Szenen der Flucht nach Ägypten und auch des Traums der Könige von einer lyrischen Zartheit bestimmt sind, zeigt die Darstellung des Judassuizids jene Drastik, die auch in Teilen des Weltgerichts zutage tritt. Namentlich das Motiv des geöffneten Mundes hat Gislebertus in die Kunst des Mittelalters als Novum eingeführt.

In der Gestalt des Innenraums der Kathedrale St-Lazare (S. 133) kommt die cluniazensische Bauschule zur ihrer Vollendung. Der dreigeschossige Aufriß, die Zuspitzung des Gewölbes und die Einwölbung der quadratischen Seitenschiffjoche mit Kreuzgratgewölben (S. 128) sind festes Repertoire. In ihrem Dekorationsreichtum geht die Kirche allerdings über das Vorbild Cluny III hinaus. Unübersehbar spricht der Einfluß der Antike mit, etwa in Gestalt des kannelierten Pilasters (S. 131, 132). In behutsamer Abstufung konzentriert der Architekt im unteren Bereich mit den Kapitellen aus der Werkstatt des Gislebertus die größte Fülle an Baudekoration, um sie dann nach oben schrittweise zurückzunehmen (S. 130). Daß die Ostpartie als Dreiapsidenanlage und nicht, wie bei einer Pilgerkirche üblich, als Chor mit Umgang und Radialkapellen angelegt wurde, erklärt sich aus der Sonderstellung dieser Kirche, die in der Hauptsache von einem Personenkreis frequentiert wurde, der die Kirche gar nicht betreten durfte.

Im 15. Jahrhundert ließ Kardinal Jean Rolin, der auf Betreiben seines einflußreichen Vaters, des Kanzlers Nicolas Rolin, den Bischofsstuhl seiner Heimatstadt bestiegen hatte, eine Teilgotisierung der Kathedrale durchführen. Aus dieser Zeit stammt der steil emporragende Vierungsturm (S. 136, 137), der dafür sorgt, daß man die Kathedrale schon von weitem wahrnimmt.

S. 138–143
Château de Sully

Etwa 15 km östlich von Autun liegt abgeschieden und wenig besucht das prachtvolle Château de Sully, ein Renaissancebau des 16. Jahrhunderts. Der Name geht auf die Besitzer des Vorgängerbaus aus dem 13. Jahrhundert zurück und ist nicht identisch mit jener anderen Familie Sully, welcher der große Finanzminister Heinrichs IV. entstammt. Bauherr des bestehenden Denkmals war die Familie Saulx. 1808 wurde auf Sully als Sohn der damaligen Schloßherren Maurice MacMahon geboren, Enkel eines aus Irland eingewanderten Arztes, der die Geschichte Frankreichs im 19. Jahrhundert wesentlich mitgestaltet hat. Sein Sieg über die Österreicher bei Magenta brachte ihm den Titel eines Herzogs von Magenta und den Rang des Marschalls von Frankreich ein. Im Krieg gegen die Preußen 1870/71 geriet er bei Sedan für kurze Zeit in Gefangenschaft, doch bereits 1871 war er wieder in Paris, wo er den Aufstand der Kommune blutig niederwarf. 1873 wurde er als Nachfolger des liberalen Thiers zum zweiten Präsidenten der Dritten Republik gewählt. 1879 trat er von dem Amt wieder zurück. MacMahon starb 1893.

Das Schloß Sully wurde im letzten Viertel des 16. Jahrhunderts erbaut. Als klar gegliederte Vierflügelanlage mit Ecktürmen (S. 139) steht es in der Nachfolge des Château von Ancy-le-Franc, das nach einem Plan Sebastiano Serlios errichtet worden war (s. S. 12, Abb. 5). Abweichend allerdings von dem würdevollen Ernst des italienisch bestimmten Vorbildes prunkt Sully mit einer Vielzahl verspielter Architekturdekorationen, wie sie für die Schlösser an der Loire im 16. Jahrhundert bezeichnend sind (S. 142, 143).

S. 144–152
Beaune, Hôtel-Dieu

1443 stiftete der Kanzler Herzog Philipps des Guten, Nicolas Rolin, Frankreichs berühmtestes Krankenhaus. Der ebenso geniale wie skrupellose Geschäftsmann, der nach Aussage Ludwigs XI. recht daran tat, ein Teil des Vermögens, um das er viele gebracht hätte, an Bedürftige zurückzugeben, hatte für die fortlaufende Finanzierung der Institution weitblickende Vorsorge getroffen. Er überschrieb dem Hôtel-Dieu attraktive Weinberge rund um Beaune, aus deren Erträgen sich das Krankenhaus fortan selbst finanzieren sollte. Die Rechnung ging auf und funktioniert bis auf den heutigen Tag. Alljährlich im November, wenn die »Trois Glorieuses« begangen werden, die traditionellen Weinfeste auf dem Clos de Vougeot, dem von Zisterziensern begründeten Traditionsgut zwischen Dijon und Beaune, in Meursault und in Beaune, kommen die Weine des Hospizes zur Versteigerung und erreichen in der Regel Rekordumsätze. Das Krankenhaus, das heute in neuere Gebäude verlagert ist, erzielt sogar regelmäßig Überschüsse, die in karitative Ziele oder in wichtige Forschungsvorhaben investiert werden. In den zurückliegenden Jahren wurde besonders die französische Aidsforschung finanzkräftig unterstützt.

Vorbilder für das Hôtel-Dieu in Beaune waren das heute nicht mehr existierende Krankenhaus von Valenciennes, woher der Stifter auch die ersten Krankenschwestern berief, und das Hospiz im burgundischen Tonnerre, das 1293 von Margarete von Burgund gestiftet worden war. Als Baumeister nahm Rolin Niederländer in Dienst, die im Herzen Burgunds einen genuin nordischen Bau errichteten. Die prachtvolle Gestaltung des Bauwerks gibt zu erkennen, daß der Stifter mehr im Sinn hatte, als mit der Einrichtung einer derartigen karitativen Einrichtung einen Beitrag zur Rettung seiner Seele zu leisten. Als mächtigster Politiker im Burgunderreich nach dem Herzog, der unter anderem den Inhalt des Aussöhnungsvertrages von Arras 1435 mit Frankreich gegen Ende des Hundertjährigen Krieges diktiert hatte, schuf sich der Auftraggeber ein persönliches Denkmal für die Nachwelt.

Von außen wirkt das Hôtel-Dieu ausgesprochen nüchtern. Erst im Innenhof (S. 144–147) entfaltet sich die optische Pracht. Dieser Innenhof ist 80 Meter lang. Die beiden Flügel der Langseiten sowie der südliche Querbau stammen aus der Gründungszeit. Der Nordflügel (S. 152) wurde erst im 18. Jahrhundert an der Stelle des vormaligen Weinkellers errichtet.

Noch bis in die sechziger Jahre des 20. Jahrhunderts waren der große Krankensaal und seine originale Einrichtung in Gebrauch (S. 148, 149). Erst seit der damals durchgeführten Restaurierung haben die Räume nur mehr musealen Charakter. Der Saal mißt als der größte Innenraum des Hospizes 72 x 14 Meter. An den Langseiten sind 24 Betten mit Alkoven aufgestellt. Ob sich Viollet-le-Duc darüber im klaren war, daß diese Betten früher immer mit zwei Patienten belegt waren, als er nach einem ersten Besuch in Beaune euphorisch meinte, hier käme einen die Lust an, krank zu werden? Der rückwärtige Teil des Saales ist durch eine lettnerähnliche Holzschranke abgetrennt. Hier befand sich die Kapelle des Hospizes. Zur Meßfeier wurden die Türflügel geöffnet, so daß die Kranken von ihrer Lagerstatt aus den Weltgerichtsaltar des Rogier van der Weyden erblicken konnten, der heute in einem anderen Raum des Baukomplexes aufbewahrt wird (siehe unten). In den Bodenfliesen wie auch an den Wänden der Kapelle liest man ungezählte Male die Devise Rolins: *Seulle*. In einem doppelten Sinne spielt dieses Motto »Du alleinige« einerseits auf die dritte Gemahlin des Kanzlers an, Guigone de Salins, die an der Stiftung wesentlichen Anteil hatte, andererseits ist damit eine Huldigung gegenüber der Muttergottes gemeint.

Um das Jahr 1450 – die Datierung ist nicht mit letzter Sicherheit geklärt – schuf Rogier van der Weyden im Auftrag Rolins das Polyptychon mit der Darstellung des Weltgerichts, eine Ikone der altniederländischen Malerei. Die abgebildete Mitteltafel (S. 150) zeigt den auf einem Regenbogen thronenden Christus als Weltenrichter. Das tiefe Rot seines lang herabwallenden Gewandes hat eine doppelte symbolische Bedeutung: es weist gleichermaßen auf das Leiden und Sterben des Herrn (Blut) hin wie auf seine Herrscherwürde (Purpur). Von seinem Haupt weisen zur Seite der Auserwählten eine Lilie als Zeichen der Unschuld und zur Seite der Verdammten das Schwert des Richters. Zu seinen Füßen steht, in feierlichen Ornat gekleidet, die jugendlich schöne Gestalt des seelenwägenden Erzengels Michael. Anders als in dem Weltgerichtsportal des Meisters Gislebertus in Autun nimmt der Erzengel Rogiers keinen Anteil an dem Geschehen. Vielmehr richten sich seine klugen Augen forschend auf den Betrachter und scheinen ihn mit der Frage zu konfrontieren: Wie ist es um deine Seele bestellt? Um Michael herum schweben Engel, die mit dem Klang ihrer Posaunen die Toten auferwecken. Diese sieht man am unteren Bildrand ihren Gräbern entsteigen. Auf den (nicht abgebildeten) Seitentafeln erscheinen links die Auserwählten dem Paradies zustrebend, rechts stürzen die Verdammten in den Höllenschlund. Auf beiden Seiten sind darüber Fürbitter und Heilige gruppiert.

Die akribische Detailgenauigkeit läßt erkennen, daß der Maler seine Laufbahn als Miniaturist begonnen hatte. Zugleich aber wird im Naturalismus der Darstellungen deutlich, daß Rogier van der Weyden Anregungen der frühen italienischen Renaissance aufgegriffen hat. Eine Zweiergruppe auf seiten der Verdammten erscheint wie ein wörtliches Zitat der Adam- und-Eva-Gruppe Masaccios in der Brancacci-Kapelle in Florenz. Diese Hauptansicht des Altars wurde nur an Sonn- und Feiertagen geöffnet. Werktags war der Altar geschlossen; in diesem Zustand sahen die Kranken die Bildnisse ihrer Wohltäter und Darstellungen der Heiligen Sebastian und Antonius Eremita.

Zur kostbaren Ausstattung des Hospizes gehört auch eine Serie erlesener Wandteppiche, die im 16. Jahrhundert in Tournai und Brüssel gefertigt wurden. Die hier abgebildeten Beispiele (S. 151) gehören zur Gattung der damals populären *Millefleurs*-Teppiche. Sie wurden nur an Festtagen aufgehängt.

S. 153
Château de la Rochepot

Bereits im 12. Jahrhundert befand sich hier eine Wehranlage. Sie ging Anfang des 15. Jahrhunderts in den Besitz des Régnier Pot über, eines einflußreichen Höflings unter Philipp dem Kühnen und Johann Ohnefurcht. Er unternahm Erweiterungen an dem Bauwerk, die sein Enkel Philipp Pot (vgl. S. 13) Ende des 15. Jahrhunderts zum Abschluß brachte. Dieser war eine Schlüsselfigur burgundischer Geschichte im späten 15. Jahrhundert, denn nach dem Tode Karls des Kühnen 1477 setzte ihn Ludwig XI. als Statthalter in Burgund ein. In der Revolutionszeit wurde La Rochepot fast völlig zerstört. 1893 erwarb Madame Carnot, die Frau des damals amtierenden Ministerpräsidenten (er wurde im Jahr darauf in Lyon ermordet), die Ruine und übertrug sie ihrem Sohn Sadi. Dieser unternahm die Rekonstruktion, die 1926 abgeschlossen war.

S. 155-157
St-Thibault, Chor der ehem. Klosterkirche St-Thibault

Das Kloster im südlichen Teil der Landschaft Auxerrois wurde 1190 gegründet. 1240 überführte man hierher die Reliquien des hl. Theobald, der als Erzbischof von Canterbury (1139-61) Amtsvorgänger des legendären Thomas Becket war. Die daraufhin anhebende Wallfahrt nach St-Thibault veranlaßte die Mönche zum Bau einer größeren Kirche, die in der zweiten Hälfte des 13. Jahrhunderts entstand. Im 18. Jahrhundert führten kurz nacheinander ein Teileinsturz des Langhauses (1712) und ein Feuer (1728) zum vollständigen Abriß der Westteile, erhalten blieben nur der nördliche Querschiffarm und der Chor (S. 154), der eine Meisterschöpfung hochgotischer Baukunst in Burgund darstellt. Die Wandgliederung vollzieht sich in vier Zonen (S. 155). Die zierlichen Blendarkaden des Sockelbereichs bereiten das Maßwerk der zweischaligen Geschosse darüber vor. In dessen Zartgliedrigkeit haben die Baumeister ein nicht mehr zu überbietendes Maß an Ausdünnung erreicht (S. 156, 157); alles wirkt filigran und beinahe zerbrechlich.

Erhalten sind ferner das Nordportal mit Gewändestatuen, der Trumeaugestalt des hl. Theobald und dem Tympanon aus der Zeit um 1250/60 sowie wichtige Teile der Ausstattung.

S. 158, 159
Château de Bourbilly

Das einsam inmitten eines ausgedehnten Waldes liegende Schloß erlitt dasselbe Schicksal wie La Rochepot: es wurde in der Revolution geschleift. In der Zeit Napoleons III. erfolgte der Wiederaufbau, der das Aussehen des 16. Jahrhunderts wiederhergestellt hat.

S. 160, 161
Château de Commarin

Die Landschaft Auxerrois prunkt mit einer stattlichen Zahl an Burgen und Schlössern. Commarin hat die Jahre des Vandalismus Ende des 18. Jahrhunderts unbeschadet überstanden. Obwohl das Bauwerk ungemein geschlossen wirkt, addiert es sich doch aus Bauteilen unterschiedlicher Epochen. Die wuchtigen Rundtürme, die den nach Osten offenen Ehrenhof einfassen, sind Relikte einer Wehrburg des 14. Jahrhunderts. Die Wohntrakte wurden in ihrer heutigen Gestalt im 17. und 18. Jahrhundert angelegt. Das Schloß befindet sich seit dem 14. Jahrhundert im Besitz derselben Familie, die im Laufe der Zeit im Innern eine vielgestaltige Ausstattung zusammengetragen hat.

S. 162-169
Dijon, Salle des gardes im ehem. Herzogspalast

Im ehemaligen Palast der Großen Herzöge wurde im 19. Jahrhundert das Kunstmuseum der Stadt Dijon eingerichtet. Dessen Herzstück ist der sogenannte Gardesaal, in dem die Herzogsgräber und Altäre aus der Kartause von Champmol ausgestellt sind. Das Grabmal Philipps des Kühnen (s. S. 17, Abb. 9) ist ein Werk von epochaler Bedeutung (S. 164/165). Claus Sluter schuf mit ihm einen neuen Typus, indem er anstelle der bis dahin üblichen Reliefs an den Lang- und Schmalseiten des Katafalks den Zug der Trauernden, die als vollplastische Figuren gearbeitet sind, verräumlicht. In die Prozession mischen sich unter die Kartäusermönche auch Angehörige des Hofes und Familienmitglieder. Nachdem Sluter Anfang des Jahres 1406 gestorben war, brachte sein Neffe Claus de Werve das Werk zum Abschluß. Es ist nicht geklärt, wieviele der Pleurants von der Hand Sluters beziehungsweise de Werves sind. In der Revolution wurde das Denkmal schwer beschädigt, die Liegefigur des Herzogs fast völlig zerstört. Die im 19. Jahrhundert erfolgte Rekonstruktion ging willkürlich vor, denn anstatt den Herzog wie vormals in Rüstung zu zeigen, kleidete man ihn in einen wallenden Hermelinmantel.

Das zweite Grabdenkmal ist ein Doppelgrab für Herzog Johann Ohnefurcht und seine Frau Margarete von Bayern (S. 162, 163). Dieses Grab lehnt sich eng an die Philippstumba an. Der Entwurf geht auf Claus de Werve zurück. Nach dessen Tod 1439 setzte der Spanier Juan de la Huerta die Arbeit fort. Erst 1470 erfolgte die Fertigstellung durch den Bildhauer Antoine de Moiturier.

Thorsten Droste

Zwischen 1390 und 1399 schuf Jacques de Baerze zwei großformatige Triptychen für die Kirche der Kartause von Champmol (159 x 502 cm), den »Passionsaltar« und den »Märtyreraltar«. Die Bildtafeln zeigen Detailansichten vom Mittelteil und vom rechten Flügel (S. 166, 167) des Passionsaltars. Sie verdeutlichen, daß der Schnitzer von den Neuerungen seines Bildhauerkollegen Sluter unbeeindruckt blieb und getreulich an den überlieferten Formen der verspielten Spätgotik festhielt. Wir kennen keine weiteren Werke dieses Künstlers und können deshalb über seinen Werdegang keinerlei Aussagen machen.

In der zweiten Hälfte des 14. Jahrhunderts kam das Porträt als neue Kunstgattung auf, die ihre Entfaltung erst in der Zeit nach 1400 erlebte. Aus der späten Herzogszeit stammen die beiden Bildnisse des Hugo de Rabutin und seiner Frau, Jeanne de Montaigu (S. 168, 169). Sie sind um 1470 datiert und werden der Hand eines Künstlers zugeschrieben, dem die Kunstgeschichte den Notnamen des Meisters von St-Jean-de-Luz gegeben hat. Die Bilder machen exemplarisch deutlich, in welchem Maß die französisch-burgundische Malerei des 15. Jahrhunderts unter dem Einfluß der niederländischen Kunst stand.

S. 170–173
Avallon, romanische Kirche St-Lazare, Westportale

Autun hatte im 11. Jahrhundert auf Weisung Herzog Heinrichs des Großen aus dem Kapetingerhaus die Kopfreliquie vom Corpus des hl. Lazarus an Avallon abgetreten, so daß Burgund den Lazaruspilgern fortan zwei Wallfahrtsziele bot. Der Bau der romanischen Kirche erfolgte in der zweiten Hälfte des 11. Jahrhunderts. 1106 vollzog Papst Paschalis II. die Weihe. Die Portale wurden erst Mitte des 12. Jahrhunderts geschaffen. Es waren ursprünglich drei. Das linke Seitenportal wurde bei einem Einsturz des Nordturms im 17. Jahrhundert zerstört, der auch den romanischen Narthex unter sich begrub. Man muß sich die Situation im ursprünglichen Zustand ähnlich wie in Vézelay denken. Das Hauptportal, dessen Tympanon ebenfalls verlorengegangen ist, zeigt in den Archivolten überschäumenden Ornamentdekor (S. 170) und im rechten Gewände eine Heiligenfigur (S. 171), die als spindeldürre und überlängte Gestalt in starrer Frontalhaltung das burgundische Gegenstück zu den Statuen des Königsportals der Westfassade der Kathedrale von Chartres bildet. An diesem Portal berühren die zu Ende gehende Romanik und die anhebende Gotik einander. Im Tympanon des rechten Seitenportals ist die Anbetung der Könige dargestellt (S. 172). Hier zieht sich die Ornamentfülle bis tief in die Sockelzone hinunter (S. 173).

S. 174–188
Vézelay, romanische Wallfahrtskirche Ste-Madeleine

Seit dem 8. Jahrhundert besaß man in Vézelay die Reliquien der Büßerin Magdalena. Ein erstes Kloster war im Tal angelegt worden, dort, wo sich heute die gotische Kirche des Dorfes St-Père-sous-Vézelay erhebt. Nach der Zerstörung durch die Normannen wurde dieses Nonnenkloster aufgegeben und statt dessen ein Mönchskloster auf der Anhöhe errichtet. Die Cluniazenser warben eifrig für die Wallfahrt, die seit dem 11. Jahrhundert die Pilger in hellen Scharen nach Vézelay führte. Zu dieser Zeit war der Ort zugleich Ziel und Ausgangspunkt der Wallfahrt, denn hier begann mit der Via Lemovicensis eine der vier Hauptrouten nach Santiago de Compostela. Anfang des 12. Jahrhunderts soll Vézelay mehr als 10 000 Einwohner gehabt haben – heute sind es weniger als 700. 1096 trug Abt Artaud dem Massenandrang Rechnung und legte den Grundstein zu einer neuen Kirche, deren Chorweihe 1106 erfolgte. Kurz darauf wurde der Abt von Einwohnern des Ortes ermordet, da er sich starr gegen ihr Ansinnen auf Selbstbestimmung aufgelehnt hatte. Das Bauvorhaben kam deshalb nicht zum Erliegen. Doch wenige Wochen nach Fertigstellung im Jahr 1120 brannte das Langhaus wieder ab. Etwa 1000 Pilger, die nächtens in der Kirche eingeschlossen waren, sollen dabei ums Leben gekommen sein. Doch auch von dieser Katastrophe blieben die Mönche unbeeindruckt und unternahmen unverzüglich die Neuerrichtung der Basilika, die um 1140 fertiggestellt war. Abschließend wurde der Narthex angelegt. Nachdem ein erneuter Brand 1165 den Chor beschädigt hatte, wurde dieser Ende des 12. Jahrhundert in Formen der Gotik erneuert.

Vézelay war wiederholt Schauplatz großer Ereignisse. 1146 rief der hl. Bernhard von Clairvaux in der Kirche zum Zweiten Kreuzzug auf, 1190 brachen von hier die Könige Philipp II. August und Richard Löwenherz zum Dritten Kreuzzug auf. 1217 gründete der hl. Franziskus von Assisi in Vézelay die erste Niederlassung seines Ordens in Frankreich. 1240 und noch einmal 1270 sammelte hier Ludwig IX. der Heilige seine Streitmacht, um zu seinen beiden erfolglosen Kreuzzügen aufzubrechen. Im selben Jahr erhielt der beliebte Wallfahrtsort seinen Todesstoß. Karl II. von Anjou setzte beim Papst durch, daß dieser die von ihm im provenzalischen St-Maximin-la-Sainte-Baume aufgefundenen Reliquien als die der Magdalena anerkannte. Es war eine rein politische Entscheidung, denn das Haus Anjou hatte sich damals auch in Neapel festgesetzt, und mit einem so mächtigen Nachbarn mußte sich der Pontifex gut stellen. Fortan zogen die Pilger nicht mehr nach Vézelay, sondern in die Provence. Erst das 19. Jahrhundert entdeckte Vézelay wieder. Viollet-le-Duc führte die tiefgreifende Restaurierung der Kirche durch und ließ die verlorenen romanischen Skulpturen an den Außenportalen des Narthex rekonstruieren.

Die Portale im Innern des Narthex mit den drei Eingängen in die Basilika haben sich, da sie vor Verwitterung geschützt sind und in der Revolution unangetastet blieben, ohne Schaden erhalten (S. 176). Das Hauptportal zeigt die für die Ikonographie der Romanik ungewöhnliche Darstellung des Pfingstgeschehens (S. 177, 179). Hier geht die kollektive Erleuchtung der Apostel allerdings nicht, wie in der Bibel beschrieben, vom Heiligen Geist, sondern von der zentralen Gestalt Christi aus. In den radialen Kassettenfeldern und im Architrav sieht man Berufsgruppen und die Völker der Erde mit einigen amüsanten Details. Die Inder etwa erscheinen als Kynokephalen (Hundsköpfige), und die Panotier, die man am Ende der Welt vermutete, wurden mit übergroßen Ohren ausgestattet, mit denen sie sich nach mittelalterlicher Mär vor den kalten Winden schützten. Insgesamt bringt das Portal den Universalitätsanspruch der Kirche zum Ausdruck. In einer tieferen Dimension allerdings thematisiert es die Erleuchtung, die mit der Gotteserkenntnis einhergeht. Am Trumeau steht eine Gestalt Johannes des Täufers (S. 178). Er hat an dieser Stelle die Funktion des Vermittlers zwischen dem himmlischen und dem irdischen Bereich. Die Figuren sind schlank, aber insgesamt körperhafter als die extrem dünnen Gestalten des Gislebertus. Dem Künstler ist es gelungen, mit dem zarten Schwung der Gewänder jenen Bibelpassus zu verbildlichen, der davon berichtet, daß der Raum, in dem sich die Jünger befanden, im Augenblick ihrer Erleuchtung von einem Wind erfüllt war.

Von einem Punkt in der Mitte des Narthex erlebt man das Tympanon dergestalt, daß keines der Fenster der Kirche dahinter sichtbar wird. Die Tiefe des Kirchenraums ist aus dieser Perspektive nicht zu ahnen. Die Architektur wirkt merkwürdig zweidimensional und wird vom Betrachter eher wie eine Lichtaura empfunden, die das Tympanon hinterfängt. Man gewinnt subjektiv den Eindruck, als würden die Skulpturen aus sich selbst heraus leuchten. Auch dies scheint planvoll beabsichtigt, um den Erleuchtungsgedanken sinnlich erfahrbar zu machen.

Im Tympanon des rechten Seitenportals sind Szenen aus der Kindheit Jesu dargestellt (S. 180, 181): Verkündigung, Heimsuchung, Geburt mit dem Traum Josephs und die Verkündigung an die Hirten, darüber im Bogenfeld die Anbetung der Könige. Das linke Portal zeigt drei Emmausszenen (Christus begegnet den Jüngern, das Mahl in Emmaus, Rückkehr der Jünger nach Jerusalem) und die Himmelfahrt des Herrn. Das Haupttympanon mit dem Pfingstgeschehen wird also zwischen die Pole der Menschwerdung des Erlösers und seiner Auferstehung eingespannt.

In der Basilika findet die im 11. Jahrhundert von der Kirche in Anzy-le-Duc im Brionnais begründete ältere der beiden burgundischen Bauschulen ihren Höhepunkt. Ste-Madeleine ist das Gegenstück zu dem cluniazensisch geprägten St-Lazare in Autun. Der Wandaufriß ist zweigeschossig, die Gewölbeabschnitte des

Mittelschiffs, aus Kreuzgraten gebildet, werden durch Gurtbögen mit farbig wechselnden Keilsteinen gegeneinander abgegrenzt (S. 183, 186). Dieses Wechselspiel unterschiedlicher Gesteinsarten wiederholt sich an den Diensten und in den seitlichen Scheidbögen. Die Joche der beiden Seitenschiffe sind gleichfalls kreuzgratgewölbt (S. 185). Nach Osten erfährt das Gebäude dank des dreigeschossigen gotischen Chors (S. 184) mit seiner Vielzahl an Fenstern eine beträchtliche Lichtsteigerung. Dieses Mittel scheint in einer Kirche, die der Erleuchtung und damit der Lichtmystik gewidmet ist, absichtsvoll zum Einsatz gebracht worden zu sein. Es kann denn wohl auch kaum als Zufall gedeutet werden, daß Ende Juni, zur Zeit des höchsten Sonnenstandes, das in der Mittagszeit durch die Obergadenfenster der Südwand in den Kirchenraum einfallende Licht eine Linie von Lichtreflexen in der Mittelachse der Basilika entstehen läßt, die geradlinig den Trumeau des Portals mit dem Altar verbindet.

Ebenso wie St-Lazare in Autun zeigt Ste-Madeleine eine Fülle bauplastischer Schmuckformen. Alle Rahmenteile sind ornamental dekoriert, bildliche und ornamentale Kapitelle sind in zwei Zonen übereinander angebracht (S. 187). Die einen tragen die Scheidbögen, die Mittelschiff und Seitenschiffe voneinander trennen, die anderen sind als Sockel unter den Gurtbögen des Mittelschiffs angebracht. Mit mehr als 150 Kapitellen besitzt Ste-Madeleine den umfangreichsten Kapitellzyklus der gesamten romanischen Kunst. Man sieht alttestamentliche Szenen wie den Sündenfall (S. 182), Begebenheiten aus dem Neuen Testament, Heiligenviten sowie zoomorphe und vegetabile Stücke mit symbolischer Bedeutung. Vor allem widmet sich der Zyklus wiederholt dem Lieblingsthema der romanischen Kunst, der Kontroverse zwischen Gut und Böse, in einem Fall als Kampf zweier Männer gegen löwenähnliche Monster vorgetragen (S. 188). Ein stringenter zyklischer Zusammenhang ist nicht zu erkennen, könnte gleichwohl intendiert sein und wäre von der Forschung noch zu entschlüsseln. Als geistigen Initiator vermutet man hinter dem Programm Petrus Venerabilis, der, bevor er Abt von Cluny wurde, das Amt des Priors in Vézelay innegehabt hatte.

S. 189
Landschaft im Bazois, westliches Nivernais

In dem konzentrierten Erleben mittelalterlicher Bauten bildet die Begegnung mit der von Grün überschütteten Landschaft Burgunds zwischen den Besichtigungen immer wieder Abwechslung und Erholung. Die waldreichste Region Burgunds ist der Morvan. Dreißig Prozent seiner Fläche sind Waldgebiet. Zedern, wie hier im Bild, gehören zum botanischen Repertoire der Schloßgärten.

S. 190-193
Montréal, ehem. Prioratskirche Notre-Dame

Malerisch über dem Tal des Serein gelegen, ist die Kirche von Montréal ein illustratives Beispiel dafür, wie Bauten außerhalb der definierten Traditionen durch Kompilation von Formen unterschiedlicher Bauschulen zu originellen Einzelschöpfungen wurden. Der Baubeginn liegt um 1170, die Fertigstellung erfolgte Anfang des 13. Jahrhunderts. Tief in die Westwand ist das zweitorige Portal mit seinen arabisch inspirierten Auszackungen eingestuft (S. 190). Das runde Achtpaßfenster darüber läßt keinen Zweifel daran, daß der Bau nicht mehr rein romanisch ist, sondern bereits Stileigentümlichkeiten der Gotik übernommen hat. Die Geschlossenheit der Wand sowie die Kreuzgratgewölbe der Seitenschiffe sind Erbe der Romanik (S. 193). Die Kreuzrippengewölbe im Mittelschiff der Basilika, im Querschiff und im Chor (S. 191) leiten sich dagegen ebenso aus der Gotik her wie die Form der Knospen- und Blattkapitelle (S. 192). Der quadratische Grundriß des Chores (S. 191) wiederum speist sich aus einer anderen Quelle: Er zeigt sich von den Chorlösungen der Zisterzienser beeinflußt.

S. 194-197
Fontenay, ehem. Zisterzienserabtei

Ende des 11. Jahrhunderts hatte Cluny mit der Errichtung der größten Kirche der Welt ein Maß der übersteigerten Selbstdarstellung erreicht, das vielerorts Opposition hervorrief. Es entstanden neue monastische Bewegungen, die eine konsequente Rückkehr zu den gedanklichen Quellen des hl. Benedikt von Nursia anstrebten: die Chalaisianer, die Kartäuser, die Kamaldulenser, die Prämonstratenser, die Zisterzienser, um nur die wichtigsten zu nennen. Unter ihnen wurden die Zisterzienser der bedeutendste Reformorden. 1098 gründete der hl. Robert von Molesme das Kloster Cîteaux 30 km südlich von Dijon. Dessen Fortbestand war wenig später mangels Nachwuchs in Frage gestellt. Mit dem Eintritt des Adeligen Bernhard von Fontaine in Cîteaux 1112, der nicht nur seine vier Brüder, sondern weitere 24 Angehörige der burgundischen Aristokratie dem Reformkloster als neue Mönche zuführte, änderte sich die Situation schlagartig. Kurz darauf wurden die Abteien Morimond, Pontigny, La Ferté und Clairvaux gegründet. Von diesen vier ersten Töchtern von Cîteaux sollten alsbald hunderte neuer Filiationen ins Leben gerufen werden. Bereits Mitte des 12. Jahrhunderts zählte der Orden 350 Klöster; Bernhard hatte 72 davon initiiert, darunter auch Fontenay. Obwohl der Impetus der europaweiten Expansion bereits im 13. Jahrhundert merklich abnahm, verfügte der Orden im späten Mittelalter über rund 750 Klöster in allen christlichen Staaten Europas.

Die Zisterzienser verstanden sich als Benediktiner. Trotzdem unterschieden sie sich in zentralen Punkten von den benediktinischen Cluniazensern. Ihre Klöster lagen grundsätzlich weit entfernt von menschlichen Siedlungen, waren niemals auf Anhöhen postiert und hielten sich von jedem Pilgerrummel entfernt. Da die Zisterzienser aber auch erstmals in der Geschichte des abendländischen Mönchtums eine Hierarchie unter den Klosterinsassen einführten, sahen sie sich ihrerseits bereits im 12. Jahrhundert heftiger Kritik ausgesetzt. In ihren Abteien gab es einerseits die Gruppe der Patres, die in der Regel dem Adel entstammten, und die Gruppe der Fratres, der Laienbrüder, auch Konversen genannt, die nur die niederen Weihen empfingen und auch im Klosterbereich von den Patres räumlich separiert waren.

Die Gründung Fontenays erfolgte 1118, allerdings noch nicht an der heutigen Stelle. Die Gründe für die 1130 vorgenommene Verlegung an den jetzigen Platz sind ungeklärt. Jedenfalls ist die Grundsteinlegung für die Kirche erst für das Jahr 1139 überliefert. Nach einer unvorstellbar kurzen Bauzeit von nur acht Jahren wurde sie von Papst Eugen III., der selbst aus dem Zisterzienserorden hervorgegangen war, geweiht. Im 16. Jahrhundert zur Kommende degradiert, der fortan ein Laienabt vorstand, führte Fontenay fortan nur noch ein Schattendasein. Die Revolution löste das Kloster endgültig auf. Die Konventsbauten wurden im 19. Jahrhundert als Papierfabrik genutzt. 1905 kamen die Baulichkeiten in private Hände. Die neuen Besitzer führten eine Restaurierung des erhaltenen Bestandes durch. Ihre Nachfahren leben auch heute noch in Fontenay. Sie tragen weiterhin Sorge für die Erhaltung und organisieren den Besucherstrom. Als besterhaltenes Zisterzienserkloster Frankreichs neben den Abteien von Noirlac (Berry) und Sénanque (Provence) besitzt Fontenay exemplarischen Charakter für die Baukunst des Ordens.

Da die Kirche noch zu Lebzeiten des Ordensvaters entstand, ist sie in ihrer baulichen Gestalt eindrucksvoller Spiegel seines kompromißlosen Entsagungswillens. Die Westseite öffnet sich in einem schmucklosen Portal, darüber sieht man in zwei Reihen übereinander sieben Fenster als einzige Gliederungsmomente der wie monolithisch wirkenden Fassade (S. 194). Der Innenraum ist eine Staffelhalle mit zugespitztem Tonnengewölbe im Mittelschiff (S. 196) und quergestellten kleinen Tonnen in den Seitenschiffjochen. Die Querhausarme sind dem Langhaus appliziert, ohne es zu durchdringen. Dergestalt zieht sich das Langhaus bruchlos bis zum niedrigeren, flach abschließenden Chor hin (S. 197), den seitlich je zwei gleichfalls nicht gerundete Kapellen flankieren. Da sich die Zisterzienser eine Ausschmückung mit Bildern und Figurenkapitellen restlos versagten, haben sie ihre theologischen Aussagen in Symbolen verklausuliert: Die Fenster treten an die Stelle der Bilder. Mit ihnen verbindet sich eine vielschichtige Zahlenallegorese. In der Westwand sieht man sieben Fenster in zwei Zonen à vier und à drei Öffnungen (S. 195). Die Vier steht für die irdische Welt der dinglichen Erscheinungen, den *mundus quadratus*, die Drei für das Jenseits, den Himmel. Den Chor speisen sechs Fenster in zwei Streifen à drei mit Licht, darüber befinden sich in der Schildwand fünf Fenster (S. 197). In der Hauptsache werden also die Zahlen von drei bis sieben thematisiert, die alle in mittelalterlicher Zahlenexegese, die gerade bei den bilderlosen Zisterziensern hoch im Kurs stand, mit vielfältigen symbolischen Vorstellungen besetzt sind.

Drei = Trinität, Auferstehung des Herrn am dritten Tag, der dreiteilige Kosmos, die Kardinaltugenden; Vier = Evangelien, die Himmelsrichtungen, die Elemente, die Jahreszeiten, die Temperamente; Fünf = die Bücher des Pentateuch, Inbegriff des Gesetzes, die Wundmale Christi; Sechs = Schöpfungstage, die Altersstufen des Menschen. Die Sieben war dem Mittelalter eine besonders geheiligte Zahl: Sie konnte die Gaben des Heiligen Geistes, die sieben Säulen der Weisheit, die Freuden Mariens oder die Augen des hl. Lammes, um nur die wichtigsten Bedeutungen zu nennen, symbolisieren.

Vermutlich sind aber auch die Intervalle der Musik mitangesprochen, Terz, Quart, Quint, Sext und Septime. In der Musik sahen die Mönche einen Ausdruck des Göttlichen, und letztlich versteht man eine Kirche der Zisterzienser intuitiv erst dann, wenn man sie als Resonanzkörper begreift. Die Gesamtheit der Fenster in der Ost- und in der Westwand addiert sich zu achtzehn – im christozentrischen Weltbild der Zisterzienser kein Zufall. Die Achtzehn war ein geläufiges Christussymbol, da diese Zahl im Griechischen IX geschrieben wird, also mit den Anfangsbuchstaben des Namens Jesu Christi (das griechische X entspricht dem lateinischen Ch).

Alle Räume des Klosters haben nicht nur ihre klar umrissene Bestimmung, sondern zugleich ihren nach der Regel genau definierten Platz im baulichen Kontext. Das Dormitorium (S. 198), ein mächtiger, mit einer hölzernen Tonne überwölbter Saal (S. 199), liegt erhöht über dem Kapitelsaal und ist von der Kirche direkt über eine Treppe zu erreichen – ein Charakteristikum aller Klöster des Ordens. Im sogenannten Saal der Mönche war die Bibliothek untergebracht (S. 200, 201); er ist mit einer schweren Kreuzrippenkonstruktion überwölbt.

Die vier Flügel des Kreuzgangs sind vollständig erhalten (S. 202–208). Der Stützenwechsel von Pfeilern und kleinen Säulenpaaren mildert die Wucht der Baumasse und bewirkt deren Rhythmisierung. Verloren sind lediglich das alte Brunnenhaus und das Refektorium. Dieses wurde im 18. Jahrhundert durch ein neues Abtslogis ersetzt. Aus dieser Zeit stammt auch die Pförtnerloge (S. 209). Zum Kloster gehört ferner eine Schmiede des 13. Jahrhunderts, aus deren Erzeugnissen sich die Abtei finanzierte.

S. 210, 211
Château de Bussy-Rabutin

Ungeachtet seiner einheitlichen Erscheinung setzt sich das Schloß in seiner jetzigen Gestalt aus Bauteilen unterschiedlicher Epochen zusammen. Vom mittelalterlichen Wehrbau sind noch die runden Ecktürme erhalten. Im 16. Jahrhundert erfolgten erste Umbaumaßnahmen. Aus dieser Zeit stammt der schmale rechte Seitenflügel der dreiflügeligen Anlage. Eine grundlegende Neugestaltung unternahm 1620 François de Bussy-Rabutin, die sein Sohn Roger 1640 zum Abschluß brachte. Damals entstanden der Haupttrakt und der linke Seitenflügel. 1666 wurde Roger de Bussy-Rabutin, ein Cousin der Marquise de Sévigné, nach Burgund verbannt, nachdem er in einer Skandalchronik mit dem Titel »Histoire amoureuse des Gaules« Intimitäten aus dem Leben bei Hofe ausgeplaudert hatte. Um die Persönlichkeiten seiner Zeit, aber auch markante Gestalten der Geschichte um sich zu haben, ließ er in mehreren Räumen des Schlosses Porträtgalerien anbringen. Erst 1682 wurde Roger von Ludwig XIV. wieder in Gnaden bei Hofe aufgenommen.

S. 212–219
Château de Tanlay

1559 ließ François d'Andelot-Coligny, der ältere Bruder Admiral Colignys und überzeugter Protestant, einen Wehrbau des 13. Jahrhunderts abreißen, um an seiner Stelle einen Renaissancebau aufzuziehen. Bei seinem Tod

1569 war das Projekt unfertig. Erst 1643 führte Particelli d'Emery als neuer Besitzer die Arbeiten fort, die 1649 zum Abschluß kamen. 1704 erwarb Jean Thévenin das Schloß, in dem seine Nachfahren auch heute noch wohnen.

Die drei Flügel des von einem Wassergraben umgürteten Schlosses standen zu großen Teilen schon 1569 (S. 213). Im 17. Jahrhundert wurden der kleine Torturm und die beiden für diese Epoche typischen Obelisken am Eingang in den Ehrenhof errichtet (S. 212). Aus dieser Zeit stammt auch das sogenannte *Petit Château*, ein kleiner pavillonartiger Vorbau, durch den man das gesamte Areal betritt (S. 214).

Tanlay gehört zu den wenigen Schlössern, die während der Revolution nicht geplündert wurden. Es besitzt deshalb noch einen Großteil seiner originalen Ausstattung. Man betritt das Schloß durch das Vestibül aus dem 17. Jahrhundert (S. 215), in dessen Wandnischen Kopien römischer Kaiserbüsten ausgestellt sind. Ein Meisterwerk der *Trompe-l'œil*-Malerei ist die Dekoration des Festsaales (S. 216). In anderen Räumen sieht man die Wohnkultur des Barockzeitalters (S. 217). Ein kleines rundes Zimmer unter dem Dach der »Tour de la Ligue« besitzt in seiner Wölbung als besonderen Schatz Renaissance-Wandmalerei mit allegorischen Darstellungen der olympischen Götterwelt (S. 218, 219). Einige Gestalten konnten durch Vergleiche mit zeitgenössischen Porträts namentlich identifiziert werden: Venus trägt die Züge der Diane de Poitiers, Mars jene des Herzogs von Guise (S. 218), die Brüder Gaspard und Odet de Coligny erscheinen als Herkules und Neptun, Katharina von Medici in der Rolle der eifersüchtigen Juno. Offensichtlich hat die Konfiguration politische Bedeutung, denn den Vertretern der Katholiken werden Götter mit aggressiven oder anderen hervorstechenden negativen Eigenschaften zugewiesen, die Protestanten dagegen schlüpfen in die Rollen strahlender Helden. Es ist verbürgt, daß in diesem Raum in der Zeit der Religionskriege konspirative Treffen führender Hugenotten stattfanden, an denen wiederholt auch der Prinz von Condé teilnahm, dessen Schloß Noyers ganz in der Nähe lag. Admiral Coligny, der Bruder des Bauherrn und häufiger Gast auf Tanlay, war das militärische Haupt der Hugenotten und prominentestes Opfer des Massakers der berüchtigten Bartholomäusnacht.

S. 220-223
Pontigny, Klosterkirche der ehem. Zisterzienserabtei

Pontigny wurde 1114, also bereits zwei Jahre nach dem Eintritt des hl. Bernhard in den Zisterzienserorden, gegründet. 1164-66 weilte der aus England verbannte Erzbischof von Canterbury, Thomas Becket, in Pontigny. Nach seiner Rückkehr nach England 1170 wurde er ermordet, kurz darauf heiliggesprochen. 1208 hielt sich einer der Nachfolger Beckets, Stephen Langton, gleichfalls als Verbannter hier auf. Ein dritter Erzbischof von Canterbury, Edmund Rich, starb 1240 in Pontigny. Auch er wurde kanonisiert und wird seither in Pontigny als St-Edme verehrt. Während der Revolution wurde der größte Teil des Klosters zerstört, vollständig erhalten blieb lediglich die gewaltige Abteikirche. Zwischen den beiden Weltkriegen des 20. Jahrhunderts veranstaltete der Philosoph Paul Desjardins als damaliger Besitzer von Pontigny hier die *Rencontres de Pontigny*, literarische Treffen berühmter Autoren mit dem Ziel, Brücken der Verständigung zu bauen. Dort trafen sich unter anderen François Mauriac, André Maurois, André Gide, Paul Valéry, Thomas Mann und T. S. Eliot, der sich hier zu seinem Drama »Der Mord im Dom« inspirieren ließ.

Der erste Kirchenbau war schon Mitte des 12. Jahrhunderts der sprunghaft gestiegenen Zahl an Insassen nicht mehr gewachsen. In der Abtei lebten damals 100 Mönche und 400 Laienbrüder. 1145 wurde deshalb mit einem Neubau begonnen, der um 1180 fertiggestellt war. 1186 erfolgte die Erweiterung des eben vollendeten Chores, 1210 war das Projekt endgültig abgeschlossen. Da die Bauvorschriften der Zisterzienser keine Glockentürme zuließen, wirkt der Breitenlagerung des mächtigen Bauwerks, dessen Länge (108 m) und Breite (des Querschiffs: 52 m) annähernd den Ausmaßen von Notre-Dame in Paris entsprechen, kein Vertikalakzent entgegen. Die Apsiden des Kapellenkranzes treten am Außen-

Thorsten Droste

bau nicht in Erscheinung, da sie von einer durchgezogenen Ringmauer ummantelt sind (S. 220, 221). Der basilikale Innenraum hat kathedralhafte Wirkung (S. 223). Zwar werden Anregungen der Gotik aufgegriffen, aber in einem zisterziensischen Sinn umgedeutet. Das Gliederungssystem mit Diensten, Gurten und Kreuzrippen (S. 222) entspricht dem der früh- und hochgotischen Kathedralen. Als Erbe der Romanik aber lebt das Kontinuum der Wand fort, die Fenster sind ausgesprochen klein. Da das Fensterglas nicht farbig ist, entfällt ein konstituierender Hauptbestandteil gotischer Kathedralkunst. Das Gebäude wirkt gleichermaßen nüchtern und erhaben.

S. 224-231
Auxerre, Kathedrale St-Etienne

Auxerre bietet das schönste gotisch geprägte Stadtpanorama Frankreichs. Über der Yonne erheben sich die ehemaligen Klosterkirchen St-Pierre und St-Germain, zwischen ihnen ragt die Kathedrale auf (S. 224). Auxerre ist bereits seit dem 4. Jahrhundert Bischofsstadt und unterstand über Jahrhunderte der Erzdiözese Sens. Im 19. Jahrhundert haben sich Sens und Auxerre zu einer gemeinsamen Diözese zusammengeschlossen.

Als Nachfolger verschiedener Vorgängerbauten ließ Bischof Guillaume de Seignelay ab 1215 die hochgotische Kathedrale erbauen. Bereits nach zwanzig Jahren wurde der Chor geweiht. Danach geriet das Projekt ins Stocken und konnte nach mehrfachen Unterbrechungen erst im 16. Jahrhundert zum Abschluß gebracht werden. Das erklärt die vielfältigen verspielten Dekorationsformen der Spätgotik an der Westfassade (S. 225, 227) und am Südquerhaus (S. 226).

Der Innenraum (S. 228, 229) ist der erste Vertreter der Hochgotik in Burgund. Das viergeschossige Muster der frühen Gotik ist nach den Vorbildern von Chartres (Baubeginn 1195) und Reims (Baubeginn 1211) auf drei Geschosse reduziert. Dennoch ist St-Etienne nicht die sklavische Kopie nordfranzösischer Vorbilder. Die Ausgewogenheit zwischen Höhe und Breite spiegelt burgundisches Empfinden wider. Berühmt sind die Fenster. Die Rose der Westseite (S. 231) stammt aus dem 16. Jahrhundert und mußte in manchen Partien erneuert werden. Die 15 Fenster des Chores dagegen gehören zur ersten Bauphase des 13. Jahrhunderts (S. 230). Sie zeigen in 350 Einzelszenen biblische Begebenheiten und Heiligenlegenden.

S. 232
Auxerre, Ostpartie der ehem. Abteikirche St-Germain

Im 6. Jahrhundert gründete die Burgunderkönigin Chlothilde über dem Grab des hl. Germanus ein Kloster, das als Unterrichtsstätte des geistlichen Nachwuchses im Mittelalter in ganz Europa berühmt war. Ende des 13. Jahrhunderts wurden die spätgotischen Ostteile errichtet (Chor, Querhaus und die beiden östlichen Joche des Langhauses), die westlichen Joche der Basilika blieben in ihren romanischen Formen stehen. Sie wurden 1811 nebst dem Nordturm der Fassade abgerissen. Erhalten sind deshalb jetzt nur noch der Südturm (hier nicht im Bild) und die Ostpartie mit ihrer weit gegen das Ufer vorgeschobenen Chorscheitelkapelle. Unter dieser befindet sich eine karolingische Krypta. Die darin erhaltenen Wandbilder aus dem 9. Jahrhundert sind die ältesten der französischen Kunst. In den Klostergebäuden befindet sich heute das Kunstmuseum der Stadt Auxerre.

Abbildungsnachweis

Bern, Bernisches Historisches Museum (Foto Stefan Rebsamen): S. 22
München, Bayerisches Nationalmuseum: S. 20
München, Hirmer Fotoarchiv: S. 2, 11, 15
München, Werner Neumeister: S. 10, 19
Paris, Bibliothèque Nationale: S. 17
Paris, Editions Gallimard: S. 18
Paris, Photographie Giraudon: S. 9, 12
Paris, Réunion des Musées Nationaux: S. 13

Register

Kursiv gesetzte Zahlen verweisen auf den Abbildungsteil.

Adelheid, Kaiserin 7
Aetius, röm. Feldherr 6
Afonso Henriques, König von Portugal 14
Alacoque, Marguerite-Marie 237
Alcobaça, Zisterzienserabtei 14
Alesia (Alise Ste-Reine) 10
Alfons VI., König von León-Kastilien 14
Ameugny *41*, 234
Ancy-le-Franc, Schloß 12, 243, Abb. 5
Anzy-le-Duc, ehem. Prioratskirche *94-97*, 237, 238f, 247
Aquitanien 15
arabischer Einfluß 12
Artaud, Abt von Vézelay 46
Augustus, röm. Kaiser 10
Autun 10, Abb. 2
    Kathedrale St-Lazare 11, *126-137*, 241f
Auvergne 13, 16, 233, 241
Auxerre, Kathedrale *224-231*, 252
    St-Germain *232*, 252
Avallon, St-Lazare *170-173*, 246
Avignon 11, 12, 15
Baerze, Jacques de 246
Bagé, Étienne de 241
Bazois *189*, 248
Beaulieu, Klosterkirche, Tympanon 15
Beaumetz, Jean de 11, 12
Beaune, Hôtel-Dieu 18, 19, *144-152*, 243f
Beauvais, Kathedrale 17
Becket, Thomas, Erzbischof 245, 251
Bellechose, Henri 11
Benedikt XII., Papst 11
Bernhard von Clairvaux 14, *47*, 249, 251
Berzé-la-Ville, Kapelle *52-56*, 235
Berzé-le-Châtel, Wehrburg *57*, 235
Bois-Ste-Marie *90-92*, 238
Bourbilly, Schloß *158, 159*, 245
Bourbonen 21
Bourg-en-Bresse s. Brou
Brancion *42*, 234
Brou, Stiftskirche 20, *58-67*, 235f
Bruegel, Pieter d. Ä. 21

Burgunder-Dynastie in Portugal 14
Burgunderbeute 22, Abb. 13
Burgunderreich 6
Bussy-Rabutin, Roger de 250
Bussy-Rabutin, Schloß *210, 211*, 250
Cäsar, Gaius Julius 10
Champagne 9, 16, 21
Champmol, Kartause 17, 18, Abb. 10, 11
Chapaize *37-39*, 234
Charlieu, Franziskaner-Kloster *116-119*, 240
    St-Fortunat *106-111*, 240
Charollais 20, 234, 237
Chartres, Kathedrale 241, 246, 252
Châteauneuf-en-Auxois 13
Châtel-Montagne 16
Châtillon-sur-Seine 9, 13, Abb. 1
Chlodwig, Frankenkönig 6
Chlothilde, Burgunderkönigin 252
Cîteaux, Zisterzienserabtei 249
Clairvaux, Zisterzienserabtei 14, 249
Clemens VI., Papst 11
Clermont-Ferrand 16, 233
Clos de Vougeot 243
Cluniazenser-Orden 7, 8, 13, 246, 249
Clunisois *36*, 234, 235
Cluny, Bauschule 8, 10, 15-17, 234-242
Coligny, Admiral 250f
Commarin, Schloß *160, 161*, 245
Cormatin, Schloß *44-51*, 234f
Desjardins, Paul 251
Deutschland 19, 20
Dijon 5, 8, 9, 11, 13
    Herzogpalast *162-169*, 245f
    Notre-Dame 5, 11, 16, Abb. 4
    St-Bénigne 11, 19, Abb. 3
Drée, Schloß *84-87*, 237
Dürer, Albrecht 20, 236
Edward IV. von England 21
Eugen III., Papst 249
Eyck, Jan van 14, 18
Fécamp, Zisterzienserabtei 15
Ferdinand von Aragon 8
Flandern 7, 9, 17
Fontenay *194-197*, 248-250
Franche-Comté 6, 7, 19
Frankenreich 6
Franziskus von Assisi, hl. 247

Frieden von Utrecht 21
Friedrich I. Barbarossa, Kaiser 7
Friedrich III., Kaiser 7, 19, 21
Gaulle, Charles de 8
Gauzlinus, Abt 16
Giovanetti, Matteo 11
Gislebertus, Meister 241f, 244
Goldenes Vlies, Orden 21, 22
Gourdon *78-81*, 237
Grandson, Schlacht bei 22
Grevilly *43*, 234
Griechenland 9
Große Herzöge (s.a. Valois) 7, 14, 17, 241, 245
Habsburger 7, 8, 14, 20, 21
Heinrich IV., Kaiser 19
Heinrich, Graf von Burgund 14
Héricourt, Schlacht bei 21
Herzogsgräber aus Champmol 17, 18, *162-165*, Abb. 8
Hirsauer Klosterreform 19
Huerta, Juan de la 13, 18, 245
Hugo von Semur, Abt 235, 239
Huizinga, Johan 5, 18
Hundertjähriger Krieg 7, 21, 243
Iguerande *103-105*, 239
Ile de France 6, 16
Investiturstreit 19, 235
Isabella von Kastilien 8
Isabella von Portugal, Herzogin 14, 21
Issoire 16
Italien 10-12
Jailly *120*, 241
Jakobuswallfahrt 13
Johann der Gute von Frankreich 7
Johann Ohnefurcht, Herzog 7, 245
Johanna die Wahnsinnige 8
Joigny, Jean de 13
Juan, Infant 8, 20, 235
Kapetinger-Dynastie 7, 246
Karl der Große, Kaiser 7, 12
Karl der Kahle, Kaiser 233
Karl der Kühne, Herzog 7, 19, 21, 22, 244
Karl II. von Anjou 247
Karl V., Kaiser 7, 8, 235
Karl VI., Kaiser 21
Kelten 9
Kir, Felix 5

La Ferté, Zisterzienserabtei 234, 236, 249
la Clayette, Schloß *82, 83*, 237
la Rochepot, Schloß 19, *153*, 244
Langton, Stephen, Erzbischof 251
Leopold VI., Herzog von Österreich 20
Leopold Wilhelm, Erzherzog 21
Lilienfeld, Zisterzienserstift 20
Loire 6, 9, 16, 243
Lombardei/lombardisch 11, 241
Lothringen 7, 21
Ludwig IX. d. Heilige von Frankreich 247
Ludwig van Maele 17, Abb. 8
Ludwig XI. von Frankreich 7, 21, 243, 244
MacMahon, Maurice 243
Mâcon, St-Vincent 234
Malay *68, 69*, 236
Malouel, Jean 11
Margarete von Bayern, Herzogin 245
Margarete von Bourbon 236
Margarete von Brabant Abb. 8
Margarete von Burgund 243
Margarete von Flandern, Herzogin 18, Abb. 8, 10
Margarete von Österreich 8, 20, 235f, Abb. 12
Maria von Burgund 7, 8, 21
Martini, Simone 11, 12
Marville, Jean de 17
Maximilian I., Kaiser 7, 8, 20
Meister von St-Jean-de Luz 246
Meit, Konrad 20, 235f, Abb. 12
Millefleurs-Teppiche 22, *151*, 244, Abb. 13
Mitterand, François 235
Moissac, Abtei 15, 240
Moiturier, Antoine de 18, 245
Montaigu, Jeanne de 246
Montceaux-'Etoile 15, Abb. 7
Montréal 13, *190-193*, 248
Morimond, Zisterzienserabtei 249
Murten, Schlacht bei 22
Nancy 7, 22
Navas de Tolosa, Schlacht bei 12
Nevers, Kathedrale 16
    St-Etienne 16, *116-119*, 240f
Niederlande 9, 17-19, 20
Nivernais 16, *189*, 240, 258
Nordfrankreich 8, 9, 11, 15-17

Normandie 15, 16, 241
Odilo, Abt von Cluny 13, 15
Orcival 16
Österreich 20, 21
Otto I., Kaiser 7
Ougy *70, 71*, 236
Paray-le-Monial, ehem. Klosterkirche *72, 73*, 236f
Pavia, Kartause 17
Pedro I. von Portugal 14
Perreal, Jean 235
Perrecy-les-Forges *74-77*, 237
Petrus Damianus, Kardinal 13
Petrus Venerabilis, Abt 248
Philibert von Savoyen 20, 235f
Philipp der Gute, Herzog 7, 14, 21
Philipp der Schöne 8, 21
Philipp II. August von Frankreich 247
Philipp IV. von Spanien 21
Philipp von Rouvres 7
Philipp der Kühne, Herzog 7, 17, 18, 244, 245, Abb. 9, 10
Pompidou, Georges 8
Pontigny *220-223*, 249, 251f
Portugal 14
Pot, Philipp 13, 244, Abb. 6
Provence 6, 7, 9-11, 15, 247
Rabutin, Hugo de 246
Rambuteau, Schloß *88, 89*, 238
Reformorden 245
Rekonquista 12, 14
René von Anjou 22
Rich, Edmund, Erzbischof 251
Rolin, Jean, Bischof 242
Rolin, Nicolas, Kanzler 242, 243
Rudolf II. von Hochburgund 7
Rudolf II., Kaiser 21
Salins, Guigone de 244
Santiago de Compostela 13, 246
Sao Juao de Tarouca, Zisterzienserabtei 14
Saône 6, 9
Saulx, Familie 243
Schutz, Roger 234
Segovia, Kathedrale, Grablegungsgruppe 13
Seignelay, Guillaume de, Bischof 252
Semur-en-Auxois 13, 16
Semur-en-Brionnais *98-102*, 239

Serlio, Sebastiano 12, 243
Siena 11, 12
Sluter, Claus 13, 17, 18, 236, 245, Abb. 9-11
Spanien 6, 9, 12-14, 21
Spanischer Erbfolgekrieg 21
Speyer, Dom 19
St-Benoît-sur Loire 16
St-Bonnet-de-Cray *93*, 238
St-Révérien *122-125*, 241
St-Saulge *121*, 241
St-Thibault 16, *155-157*, 245
St-Vincent-des-Prés *40*, 234
Südfrankreich 9, 15
Sully, Schloß *138-143*, 242f
Taizé 234
Tanlay, Schloß *212-219*, 250f
Theoderich d. Gr. 6
Thévenin, Jean 252
Tonnerre, Hospiz 243
Toskana 6, 8, 11, 12
Toulouse, St-Sernin, Porte Miégeville 15
Tournus, St-Philibert 11, 15, *25-34*, 233
Uchizy *35*, 233
Valenciennes, Krankenhaus 243
Valladolid, Museum, Grablegungsgruppe 13
Valois-Dynastie 7-9, 20, 22
Vercingetorix, Gallierfürst 10
Vézelay, Ste-Madeleine 8, 9, 13, 14, *174-188*, 246-248
Viollet-le-Duc 242, 243, 247
Vix, Schatz von 9, Abb. 1
Volpiano, Wilhelm von 11, 12, 13, 15
Vouillé, Schlacht bei 6
Weinbau 9, 10
Werve, Claus de 13, 18, 245
Westgoten 6, 12
Weyden, Rogier, van der 18, 244
Zisterzienser-Orden 7, 12-14, 20, 248-251

Fontainebleau
Seine
A26
TROYES
Marne
Yonne
Sens
Senonnais
Chaumont
A5
A31
Montargis
A6
Langres
Pontigny
Tanlay
Châtillon-s-S
A31
Auxerre
Ancy-le-Franc
Chatillonnais
YONNE
Auxerrois
Puisaye Nivernais
Fontenay
Bussy-Rabutin
Seine
Semur-en-Auxois
Alise-Ste-Reine
Montréal
Auxois
Vézelay
Clamecy
Avallon
Bourbilly
CÔTE D'OR
A6
St-Thibault
DIJON
A38
Saône
Morvan
Saulieu
Commarin
St-Révérien
Côte d'Or
la Charité
Yonne
Arnay-le-Duc
NIÈVRE
Saône
Château-Chinon
Jailly
St-Saulge
Beaune
A36
Sully
Nevers
Autun
la Rochepot
Loire
Chalon-s-S
Côte
Montceaux-les-Mines
SAÔNE ET LOIRE
Gourdon
Malay
Perrecy-les-Forges
Ougy
Chapaize
Tournus
Cormatin
Brancion
Ameugny
Uzichy
Moulins
St-Vincent-ces-Prés
Grevilly
Paray-le-Monial
Clunisois
Cluny
Charollais
Montceaux-l'Étoile
Berzé-le Châtel
Berzé-la-Ville
Rambuteau
la Clavette
Bois-Ste-Marie
Anzy-le-Duc
Dree
Mâcon
Mâconnais
Brionnais
Semur-en-Brionnais
Bourg-en-Bresse
St-Bonnet-de-Cray
Charlieu
Brou
A71
N
Iguerande
Vichy
A40
Loire
Saône
25 km
A6
Im Bildteil enthaltene Orte erscheinen in gerader Schrift.

Umschlagvorderseite: Vézelay, romanische Wallfahrtskirche Ste-Madeleine, Eingangsportal

Umschlagrückseite: Beaune, Hôtel-Dieu, Dachpartie

Vorsatz: Paray-le-Monial, ehemalige Klosterkirche Sacré-Cœur, Chorpartie

Seite 2: Eva, vom Nordquerhausportal der Kathedrale St-Lazare in Autun (heute im Musée Rolin)

CIP-Einheitsaufnahme
der deutschen Bibliothek

Burgund / Thorsten Droste ; Hans Joachim Budeit. - München : Hirmer, 1998
ISBN 3-7774-7800-8

© 1998 Hirmer Verlag, München
Lektorat: Margret Haase
Gestaltung und Produktion:
Joachim Wiesinger
Umschlagentwurf: Dieter Vollendorf, München
Kartographie: Heike Carrle, München
Satzbelichtung: Setzerei Vornehm, München
Lithographie: Eurolitho, Tarzo (Italien)
Druck und Bindung: Editoriale Bortolazzi Stei s.r.l, San Giovanni Lupatoto (Verona)
Printed and bound in Italy
ISBN 3-7774-7800-8